国家社会科学基金项目

云南省社科院出版资助项目

云南省社会科学院
中国（昆明）南亚东南亚研究院　研究文库
何祖坤　主编

发达地区对口援藏与云南藏区提升自我发展能力研究

FADA DIQU DUIKOU YUANZANG YU

YUNNAN ZANGQU TISHENG ZIWO FAZHAN NENGLI YANJIU

张体伟　著

中国社会科学出版社

图书在版编目(CIP)数据

发达地区对口援藏与云南藏区提升自我发展能力研究 / 张体伟著 . —北京：
中国社会科学出版社，2017.4
ISBN 978 - 7 - 5203 - 0087 - 2

Ⅰ.①发…　Ⅱ.①张…　Ⅲ.①区域经济发展 – 经济援助 – 研究 – 西藏②区
域经济发展 – 研究 – 云南　Ⅳ.①F127.75②F127.74

中国版本图书馆 CIP 数据核字(2017)第 056907 号

出 版 人　赵剑英
责任编辑　任　明
责任校对　朱妍洁
责任印制　李寡寡

出　　版　中国社会科学出版社
社　　址　北京鼓楼西大街甲 158 号
邮　　编　100720
网　　址　http://www.csspw.cn
发 行 部　010 - 84083685
门 市 部　010 - 84029450
经　　销　新华书店及其他书店

印刷装订　北京市兴怀印刷厂
版　　次　2017 年 4 月第 1 版
印　　次　2017 年 4 月第 1 次印刷

开　　本　710×1000　1/16
印　　张　12
插　　页　2
字　　数　211 千字
定　　价　68.00 元

目　　录

中篇　专题研究

下篇　案例研究

绪　　论

　　本书系张体伟研究员主持的国家社科基金项目《发达地区对口援藏与云南藏区提升自我发展能力研究》（批准号：12XMZ020，结项证书号：20151510）的成果。

　　社会主义制度优越性、中华民族优良传统、独特政治文化和现实国情赋予对口支援丰富的内涵和鲜明的中国特色。对口支援是在特定政治生态中孕育、发展和不断完善的一项具有中国特色的政策模式；是党中央、国务院为加快民族地区发展，维护民族地区稳定，缩小东西部差距，加强东西部交流的一项重要战略举措。而区域合作是中央加强东西部地区经济联合与合作，促进区域经济社会协调发展，贯彻落实国家扶贫开发纲要等重大战略部署的具体体现。

　　改革开放以来，中央先后五次召开西藏工作座谈会，不断加大援藏力度。在全国兄弟省市、中央和国家机关部委、中央企业以及多批进藏干部的对口支援下，在兄弟州（地）市及大型企业集团的对口帮扶以及各级企事业单位结对帮扶下，通过借助对口支援的外力、提升自我发展的内力，把政策与资源优势、外部帮扶内化为发展优势，整合资源，形成合力机制，我国藏区经济社会步入了跨越式发展轨道，经济社会面貌发生了巨变。

　　然而，关于发达地区对口援藏与藏区提升自我发展能力的调研及总结研究尚未系统开展过。发达地区与我国藏区在帮扶合作的过程中，如何以项目为抓手，以政策为保障，以创新合作机制为平台，以基础设施建设、产业培植和民生改善等为着力点，已积累哪些经验和做法，取得了哪些成效，这些都需要系统总结和提炼。尤其是党的十八届三中全会以来，发达地区对口援藏与云南等藏区提升自我发展能力面临新形势、新任务、新情况、新改革、新问题和主要困难等，需要系统调研、探索和总结提炼。云南等藏区如何借外力提升自我发展能力，以及如何优势互补、加强协作、形成合力等方面，需要借此展开系统调研。

　　为此，《发达地区对口援藏与云南藏区提升自我发展能力研究》课题组通过民族学、经济学、社会学等学科理论运用，采用文献资料收集整理、实地调查、援藏干部及受援助方的关键信息人访谈、部门及相关单位调研、农牧民问卷调研、归纳和比较分析等研究方法，赴西藏 5 个地市、7 个县，以面上资料收集和点上典型案例访谈"点面"结合展开了调研。在此基础上，课题组以云南藏区为重点，对迪庆州及香格里拉、德钦、维西 3 个县展开了较为详细的调研活动。本书以云南迪庆藏区为重点研究对象，系统回顾了发达地区对口援藏情况，尤其针对上海市对口援助云南迪庆藏区的主要做法、主要成效及经验进行了全面系统总结，深入剖析沪迪对口帮扶合作以及云南藏区提升自我发展能力过程中存在的突出问题及制约因素，对发达地区对口援藏与云南藏区提升自我发展能力面临的机遇和挑战进行适度分析，结合国家"一带一路"战略、长江经济带战略以及我国扶贫开发纲要的实施，为促进发达地区对口援藏与云南藏区提升自我发展能力、探索深化帮扶合作的总体构想，进而提出提升云南藏区自我发展能力的重点、对策措施与政策建议。

本书提出要上升到政治高度，结合国家"一带一路"战略、长江经济带战略以及民族团结进步边疆繁荣稳定等，进一步深化认识，以包容性视角看待对口援藏与云南藏区提升自我发展能力；理顺体制，推进机构改革，提高协调领导小组办公室的行政配置，加强部门协调能力，创新机制，推动部门协作；建立促进会，有效撬动社会民间力量，建立对口援藏合作基金，做大帮扶与合作的"蛋糕"，健全社会参与机制；民生为本，继续深化教育、卫生、文化、科技帮扶合作，继续推动人才干部培养，加强能力建设；构建合力推进机制，加大资源整合和投入力度，合理配套工作经费；加强政府引导，组织协作，以企业为主体，市场化运作，进一步拓展空间，扩大范围，形成全方位、宽领域、多层次双边经济合作推进格局；创新农业产业化对口帮扶模式，打造现代产业园区平台，推动园区共建，加强文化旅游、金融等高端服务业的区域合作力度；完善帮扶项目考核机制，强化项目的后续管理，完善激励考核机制等对策措施。进一步从审批权限下放、政府职能转化等方面，提出优化帮扶合作环境，积极强化财税支持政策，加大金融合作力度，不断完善土地使用政策，建立和完善人才培养政策等方面，提出相关政策建议，以完善发达地区对口援藏与区域合作政策的协调性、衔接性和配套性，增强和提升云南藏区自我发展能力。

上　篇

理论与实践探索

第一章

对口支援与区域合作的理论及内涵

社会主义制度优越性、中华民族优良传统、独特政治文化和现实国情赋予对口援藏模式丰富的内涵和鲜明的中国特色。对口援藏是在中国特定政治生态中孕育、发展和不断完善的一项具有中国特色的政策模式；是党中央、国务院为加快藏区发展、维护藏区稳定、建设和谐藏区、缩小东西部差距、加强东西部交流的一项重要战略举措。共同富裕和服务于"两个大局"的思想是实施对口援藏的理论依据；科学发展观是指导对口援藏的强大思想武器；区域协调发展理论是对口援藏与东西部区域合作的理论基础。

一　对口支援提出的历史背景、内涵及特征

（一）提出的历史背景

对口支援，在 20 世纪 50—60 年代开始萌芽，20 世纪 70 年代末正式提出和实施。1979 年中央召开的"全国边防工作会议"，首次将对口帮扶工作正式提出并确定下来，并确定了经济相对发达的省市对口帮扶相对落后的民族省区。随着改革开放的深入，国家不断总结经验，完善对口帮扶政策，多次召开"全国对口支援工作座谈会"，总结交流经验，提出了改进对口帮扶工作的建议。[1]

对口援助工作开展初期，由民族地区当时的发展状况决定，支持的形式大多以物力支持为主。经过 30 多年的发展，对口支援工作的内容和形式不断向各个领域拓展，现已成为多领域、多层次、多形式、多内容的支援。

（二）内涵

对口支援即经济发达或实力较强的一方对经济不发达或实力较弱的一方实施援助的一种政策性行为。社会主义制度优越性、中华民族优良传统、独

---

[1]　潘久艳、周红芳：《"全国援藏"：改革路径与政策回应》，《中共四川省委省级机关党校学报》2010 年第 2 期。

特政治文化和现实国情赋予对口支援模式丰富的内涵和鲜明的中国特色。对口支援是在中国特定政治生态中孕育、发展和不断完善的一项具有中国特色的政治模式，是党中央、国务院为加快民族地区发展，维护民族地区稳定，缩小东西部差距，加强东西部交流的一项重要战略举措。[①] 就中央扶持和对口支援的目的而言，是激发受帮扶地区自我发展活力、动力，使其发展步入良性循环，促进其由加快发展到跨越式发展的实现。

（三）特征

从特征上看，政府主导型的对口支援制度安排，具有强制性特点；基于市场合作的对口支援，具有制度变迁的诱致动因；[②] 契约式协作机制，将成为对口支援持续运行的动力。[③] "应急性＋长效化" 对口支援成为区域互助合作特色模式；需从协调、动力、保障、监督等方面，建立对口支援长效机制。

（四）主要政策模式及工具

1. 政策模式

根据受援客体的不同，对口支援模式可分为边疆地区对口支援、灾害损失严重地区对口支援和重大工程对口支援三种政策模式。[④]

一是边疆地区对口支援。边疆地区对口支援，这是针对民族边境地区的常规性支援，是历史最悠久、支援规模最大、涵盖面最广、支援方最多、支援时间最长的政策模式。

二是灾害损失严重地区对口支援。灾害损失严重地区对口支援，这是针对重大灾区的紧急性人道支援。我国是地质灾害多发的国家，一旦地质灾害发生，对当地人民群众生产生活的打击是毁灭性的。为了加快灾区救援和灾后恢复重建工作步伐，我国政府于 1976 年唐山大地震发生后启动了灾后地方政府对口支援机制。2008 年发生的四川汶川 8.0 级特大地震对灾区人民的生产、生活造成了极其严重的破坏。中央决定举全国之力支援灾区恢复重建，特别制定了《汶川地震灾后恢复重建对口支援方案》。对口方案要求，按 "一省帮一重灾县" 原则，东部和中部 19 个省市每年对口支援实物工作量按不低于本省市上年地方财政收入的 1% 考虑，对口支援期限按 3 年

---

① 赵明刚：《中国特色对口支援模式研究》，《社会主义研究》2011 年第 2 期。

② 仇喜雪：《激励理论与对口支援西部高等教育的制度创新》，《中央财经大学学报》2011 年第 4 期。

③ 刘铁：《对口支援的运行机制及其法制化》，法律出版社 2010 年版。

④ 熊文钊、田艳：《对口援疆政策的法治化研究》，《新疆师范大学学报》（哲学社会科学版）2010 年第 3 期。

安排。

三是重大工程对口支援。重大工程对口支援是针对重大工程的定向性支援。在我国国民经济建设中一些重大工程的实施对所在地影响巨大,这些施工地的经济环境和生态环境都将会发生重大的改变,其中最典型的就是举世闻名的三峡工程。三峡工程的实施需要完成大量的移民安置工作,同时库区的原有经济已经遭到严重的破坏,留置居民的生产生活受到极大影响。在这种情况下,单靠当地政府的努力是远远不够的,必须充分发挥社会主义国家集中力量办大事的政治优势,通过中央和全国其他兄弟省市的对口支援才能做好三峡工程的各项工作。为了保证三峡工程建设,中央启动了对口支援机制,确定29个中央部委、22个兄弟省市对口帮扶三峡库区。

2. 政策工具

不同的对口援助政策模式,其领域和内容不尽相同,因此,支援的主要方式及工具又各不相同(详见表1-1)。

表1-1　　　　　　　　　　　对口支援内容及方式

政策模式	内容及方式
边疆地区 对口支援	根据援助的领域和内容,可将边疆地区对口支援分为经济、干部、教育、科技、文化、医疗卫生等多种类型。以经济、人才和智力帮扶为主要方式
灾害损失严重 地区对口支援	方式:(1)提供规划编制、建筑设计、专家咨询、工程建设和监理等服务;(2)建设和修复城乡居民住房;(3)建设和修复学校、医院、广播电视、文化体育、社会福利等公共服务设施;(4)建设和修复城乡道路、供(排)水、供气、污水和垃圾处理等基础设施;(5)建设和修复农业、农村等基础设施;(6)提供机械设备、器材工具、建筑材料等支持。派遣师资和医务人员,人才培训、异地入学入托、劳务输入输出、农业科技等服务;(7)按市场化运作方式,鼓励企业投资建厂、兴建商贸流通等市场服务设施,参与经营性基础设施建设;(8)对口支援双方协商的其他内容
重大工程 对口支援	方式:(1)项目援助;(2)资金援助;(3)人才培养;(4)劳务合作;(5)企业合作

二　区域合作相关理论

(一) 内涵

区域合作是区域之间在经济社会交往上日益密切、相互依赖日益加深、发展上关联互动,从而达到各区域的经济持续发展的过程;是在区域经济非均衡发展过程中不断追求区域间的相对平衡和动态协调的合作过程,其最终目标是实现区域和谐;是区域之间相互开放、经济交往日益密切、区域分工趋于合理,既保持区域经济整体高效增长,又把区域之间的经济发展差距控制在合理、适度的范围内并逐渐收敛，达到区域之间经济社会发展的正向促进、良性互动的状态和过程；也是各区域优势互补、协调互动、共同发展和共同繁荣的一种区域经济发展模式。

区域合作是建立在各区域之间经济联系日益紧密的基础上，区域分工更加合理，经济社会发展差距逐渐缩小并趋向收敛，整体经济效率持续增长的过程。区域合作是中央加强东西部地区经济联合与合作，促进区域经济社会协调发展，贯彻落实国家扶贫开发纲要等重大战略部署的具体体现。

（二）相关理论

邓小平提出的共同富裕和"两个大局"的思想是国家实施东西对口帮扶与区域合作的直接理论依据。发达地区对口帮扶西部民族地区实质上是一种政府主导的特殊扶贫政策措施，是我国反贫困战略中重要的组成部分，但是又区别于一般的财政扶贫，其目的是缩小东西部发展差距，实现区域协调发展，构建社会主义和谐社会，为最终实现全面建成小康社会打下坚实的基础。发达地区对口帮扶与区域合作是以共同富裕和"两个大局"的思想为理论依据，以科学发展观和构建和谐社会的理论、主要的贫困与反贫困理论、区域协调发展理论作为理论基础，创造出的一种具有中国特色的符合现实需要的集扶贫开发与经济合作、区域协调发展于一体的反贫困模式。

1. 共同富裕和服务"两个大局"是实施东西对口援助的理论依据

共同富裕思想是邓小平理论的重要内容，邓小平明确提出："社会主义的目的就是要使人民共同富裕，不是两极分化，如果我们的政策导致两极分化，我们就失败了。"① 他认为："社会主义的本质就是解放生产力，发展生产力、消灭剥削，消除两极分化，最终达到共同富裕。"但是，邓小平也提出要实现共同富裕必须要先富带后富，要有"两个大局"的思想。1985 年3 月，邓小平同志指出："我们提倡一部分地区先富裕起来，是为了激励和带动其他地区也富裕起来，并且使先富起来的地区帮助落后的地区更好地发展。"1989 年9 月，邓小平同志又强调："沿海地区要加快对外开放，使这个拥有两亿人口的广大地带较快地先发展起来，从而带动内地更好地发展，这是一个事关大局的问题。内地要顾全这个大局，反过来发展到一定的时候，又要求沿海拿出更多力量来帮助内地发展，这也是个大局。那时沿海也要服从这个大局。"② 在 1992 年"南方谈话"中，邓小平同志进一步对东西共同发展、共同富裕问题做了系统阐述。综合起来，邓小平所说的共同富裕

---

① 《邓小平文选》第 3 卷，人民出版社 1993 年版，第 373 页。

② 同上书，第 277—278 页。

实际上有三层意思：一是使国家尽快富强起来，这是全民致富的前提和基础；二是处理好先富和后富的关系，使富人越来越多，穷人越来越少；三是使人民普遍的共同富裕起来，贫困差距不大。① 我国自 1996 年以来实施的东西对口帮扶扶贫战略正是对邓小平共同富裕和"两个大局"思想的具体实践。

2. 科学发展观是指导我国对口援助的强大思想武器

党的十六大提出全面建设小康社会的奋斗目标，党的十八大进一步提出"到 2020 年我国要全面建成小康社会"的伟大目标，开创中国特色社会主义事业新局面。自此，中国的改革和发展进入了一个新的历史时期，我国经济社会呈现全面发展的良好势头，但是一些亟待解决的深层次矛盾和问题也日益凸显。针对新时期的特点和新的发展要求，党的十八大站在历史和时代的高度，着眼于中国特色社会主义事业长远发展，在十六大提出以科学发展观统领改革与发展的基础上，进一步明确了科学发展观同马克思列宁主义、毛泽东思想、邓小平理论、"三个代表"重要思想一道，是党必须长期坚持的指导思想。科学发展观是一种理论创新，是马克思主义同当代中国实际和时代特征相结合的产物，是马克思主义关于发展的世界观和方法论的集中体现。它围绕坚持和发展中国特色社会主义提出了一系列紧密相连、相互贯通的新思想、新观点、新论断，对新形势下实现什么样的发展、怎样发展等重大问题做出了新的科学回答，把我们对中国特色社会主义规律的认识提高到了一个新的高度，也把我们对发达地区对口帮扶与东西部区域合作的认识提高了一个新的高度。

发达地区对口帮扶西部民族地区是全面建成小康社会的重要组成部分，我国 18 年以来的对口帮扶取得了巨大的成绩，为西部民族地区基本解决贫困群众的温饱问题做出了重要贡献。实践充分证明，我们党已经开辟了一条中国特色的扶贫开发道路，创造了集扶贫开发与区域协调发展为一体的对口帮扶扶贫战略。随着经济的发展，党中央审时度势，提出了科学的发展观，就是要明确，新阶段对口帮扶要以"三个代表"重要思想统领，以科学发展观统筹，扩大外延，深化内涵，逐步完善对口帮扶机制。同时，科学发展观也对西部民族地区发展提出了新要求和新理念，对发达地区对口帮扶贫困地区的帮扶理念、目标任务、发展模式等提出了更高的要求。

---

① 徐永富、李文录：《携手铸辉煌——闽宁互学互助对口扶贫协作十年回望综述卷》，宁夏人民出版社 2006 年版，第 33 页。

3. 区域协调理论

区域协调发展的合作机制是指相关区域按照自愿参与、平等协商、互惠互利、优势互补的基本原则，在物资供应、设备利用、技术支持、资金融通、信息共享、人才交流、资源开发、产业发展、基础设施建设、生态环境治理与保护、对外经济联系和贸易等方面，建立全方位的经济技术合作关系，实现优势互补、互利共赢。合作机制是区域协调发展一个十分重要的方式，是区域协调发展理念的集中体现。区域合作可以实现区域之间经济发展的优势互补、优势共享或优势叠加，把分散在不同区域的经济活动有机地组织起来，激发相关区域的潜在经济活力，获得分散条件下难以企及的综合优势和经济效益。同时，区域合作为要素流动、有效分工提供保障，促进要素向最优区位流动，促进区域经济专业化的深化，保障经济运行效率与效益。

在我国区域经济发展中，有一些理论对区域发展战略的转变有一定的影响，目前，我国的区域发展已经从区域经济协调发展成为区域协调发展，仍然需要一些理论依据支撑。目前从学者们的研究来看，他们认为在区域经济协调发展中影响较大的理论主要有：

一是倒"U"形理论。是美国经济学家威廉姆森提出来的，这种理论认为：一国或一地区经济发展的早期阶段，区域间成长的差异将会扩大，倾向不平衡成长，即区域发展差异的扩大是经济增长的必要条件；之后，随着经济发展，区域间不平衡的程度将趋于稳定，当达到发展成熟阶段，区域间经济发展水平的差异逐渐趋于缩小，倾向于平衡成长，此时期区域经济发展差异的缩小，又构成了经济增长的必要条件。但是，目前一些学者对这一理论提出了异议，作为实证分析的结果，是否具有普遍性还值得商榷。

二是弗里德曼的"核心—外围"理论。约翰·弗里德曼利用熊彼特的创新思想建立了空间极化理论。他认为，发展可以看作一种由基本创新群最终汇成了大规模创新系统的不连续积累过程，而迅速发展的大城市系统，通常具备有利于创新活动的条件，创新往往是从大城市向外围地区进行扩散的。由此他创建了"核心—外围"理论，核心区是具有较高创新变革能力的地域社会组织子系统，外围区则是根据与核心区所处的依附关系，而由核心区决定的地域社会子系统。核心区与外围区已共同组成完整的空间系统，其中核心区在空间系统中居支配地位。核心区的作用主要是：首先，核心区通过供给系统、市场系统、行政系统来组织自己的外围依附区；其次，核心区系统地向它们所支配的外围区传播创新成果；再次，核心区增长的自我强化特征有助于相关空间系统的发展；最后，随着空间系统信息交流的增加，创新将超越特定空间系统的承受范围，核心区不断扩展，外围区力量逐渐增强，导致新的核心区在外围区出现，引起核心区等级水平的降低。

三是区域分工理论。区域分工是区际联系与合作的主要方式，其根本原因是各区域在发展条件、发展基础、经济结构、资源禀赋、生产效率等方面存在较大差异，而这种差异因素或具体要素又不能或不能完全参与自由地流动。为了以最有利的条件、最低的成本和最佳的效益来满足各地区经济发展和社会生活的实际需求，就必然会在区际关系格局中，按照比较成本和比较利益的原则，选择最适合自己和最具有优势的产业或项目来发展，就应该进行区域之间的分工。该理论是建立在比较优势理论的基础之上，同时结合了资源赋予理论和劳动地域分工理论。

比较优势理论，分为绝对比较优势理论和相对比较优势理论。两种理论都认为，国（区）际经贸合作（贸易）能够更经济有效地利用与配置本国或本区域资源，更充分有效地利用其他国家或地区的资源、节约成本，提高效率与效益，对推动本国或本地区的发展有利。但是绝对优势理论认为每个国家（地区）所花成本"绝对的低"的国家（地区）才拥有"绝对优势"参与国（区）际的分工，而相对比较优势理论则认为，无论一个国家（地区）的发展条件和经济状态如何，技术水平是高是低，都会由于它与其他国家（地区）在生产成本上的相对差异，可以由其相对有利的生产条件来确定其"相对比较优势"，并以这样的相对比较优势参与国（区）际的分工与合作。

资源赋予理论，是用生产要素的丰缺（互补性）解释国（区）际贸易产生的原因和商品流向的理论。基本思想是：一是国（区）际贸易产生的原因是国（区）际生产要素禀赋不同而导致商品价格的差异；二是国（区）际内部由于生产要素价格比例不同而导致各种商品的成本不同；三是各国（区）比较利益是由各国（区）拥有的生产要素的相对充裕程度决定的。利用这一理论来指导和组织区际经济与产业的合作，可使区际合作的内容和结构取得优化。

劳动地域分工理论，其基本观点可以归纳为地域分工发展论、地域分工竞争论、地域分工协调论、地域分工合作论、地域分工效益论和地域分工层次论 6 个方面。

四是系统理论。系统理论把一定环境中由若干相互联系与作用的要素组成的具有响应特定结构和功能的要素集合看作一个有机整体，并全面而不是局部地、开放而不是静态地看待整体和有关问题。基本思想是：第一是整体性原理，强调要素与系统之间是一个整体、不可分割，有整体大于各部分之和的"整体功能"；第二是联系性原理，强调系统内各要素之间的联系，通过这种联系实现整体功能，必须以普遍联系的观点和方法去认识、考察和把握一个系统及其分要素和子系统；第三是有序性原理，系统的有序性是纵向有序、横向有序和动态有序，任何系统都是多级别、多层次的有机结构，高层次系统支配低层次系统；第四是动态性原理，系统状态将随着时间而发生变化的规律；第五是调控性原理，系统的相对稳定性是系统存在的基本条件，而稳定性是通过调节、控制实现的，任何有序的稳定性系统都具有自我调节、自我控制能力；第六是最优化原理，包括系统结构形态最优化、运动过程最优化和性质最优化。由此，我国各区域之间，省内各区域之间都处于相互依赖的系统网络之中，必须相互协同与配合，同时经济、社会、环境也是处于一个系统之中，也必须相互协调，才能达到功能最优化，实现"整体大于各部分之和"的效应。

综合分析以上主要理论对我国对口帮扶与区域合作的影响可知，20 世纪七八十年代，指导我国扶贫开发实践的是经济增长理论，认为只要经济发展，经济总量增加，贫困现象会自然消失。然而实践证明，经济总量增长，可以带动贫困地区的发展，但不能从根本上解决贫困问题。经济增长理论指导扶贫实践忽略了社会发展和生态环境保护建设，所以地区间、地区内部、穷人和富人的差距越来越大。20 世纪 90 年代，指导我们扶贫开发实践的是梯度推进理论，东中西部产业承接转移，东部淘汰的产业，转移到中西部，环境污染、资源成本压力过大，深度贫困越演越烈。著名经济学家厉以宁教授认为，"十二五"期间，要以联网辐射理论指导扶贫开发实践，就是在贫困地区开展集中连片的片区开发，培育中小城镇，加快特色产业发展，重点解决基础设施和水利建设，发挥中小城镇联网辐射作用，带动贫困人口增强自我发展能力，从而达到缓解贫困的目标。同时，需要借对口帮扶外力，加强区域合作，提升自我发展内力，整合资源和力量，形成合力。

第 二 章

发达地区对口援藏与藏区提升
自我发展能力研究概述

在党中央、国务院的亲切关怀和大力支持下，施援的发达地区与受援的欠发达藏区双方党委、政府高度重视并强势推进援助与合作工作。对口援藏已成为东西部协作的一大品牌，援助与合作领域不断拓展和深化，受援藏区发展后劲不断增强，援助与合作有力促进了藏区经济社会发展、和谐藏区建设、民族团结进步和边疆繁荣稳定。西藏及甘青川滇四省藏区在发达地区对口援藏背景下，借外力、强内力、重合力，经济快速增长，产业优化升级，基础设施不断夯实，民生不断改善，社会事业"短板"不断补齐，生态安全屏障建设成效显著，援藏政策效应十分突出。

一　发达地区对口援藏总体概况

（一）发达地区对口支援西藏概况

自西藏和平解放以来，中央始终以帮助西藏加快发展、缩小差距为根本方针，实施了一系列优惠政策，给予西藏大量的财政补贴、专项补助和重点项目建设投资，并组织各部门和发达省、市在人力、物力、财力和技术等多方面对口援藏。十一届三中全会以来，中央先后五次召开西藏工作座谈会，不断加大援藏力度。优惠政策进一步得到贯彻落实，中发4号和5号文件，以及国办62号、63号制定的对西藏的优惠政策，其核心就是对西藏和4省藏区有必要实行差别化的政策来带动发展。到目前为止，全国共有18个省（市）、60多个中央和国家机关部委、17个中央企业，先后选派6批共4742人进藏工作，分别对西藏7个地市从人才、技术、资金等方面进行支援（详见表2-1）。

自2012年4月24日起，西藏自治区将与17家中央援藏企业和有关对口援藏省市共同实施就业援藏项目，中央援藏企业和援藏省市将为西藏提供3400个就业岗位。

表 2 - 1　　　　　　　　全国 18 省市对口支援西藏情况一览表

援藏的省市	西藏受援地区	援藏的省市	西藏受援地区
上海市	日喀则地区	浙江省	那曲地区
吉林省	日喀则地区	辽宁省	那曲地区
山东省	日喀则地区	湖北省	山南地区
黑龙江省	日喀则地区	安徽省	山南地区
四川省	昌都地区	湖南省	山南地区
天津市	昌都地区	河北省	阿里地区
重庆市	昌都地区	陕西省	阿里地区
北京市	拉萨	福建省	林芝地区
江苏省	拉萨	广东省	林芝地区

资料来源：援藏网，http：//www.tibet.cn/newzt/yuanzang/zcbj/201005/t20100511_ 577942. htm。

17 家中央援藏企业包括中国石油天然气集团公司、中国石油化工集团公司、中国海洋石油总公司、国家电网公司、神华集团有限责任公司、中国电信集团公司、中国联合网络通信集团公司、中国移动通信集团公司、中国铝业公司、中国远洋运输（集团）总公司、中国中化集团公司、中粮集团有限公司、中国中信集团公司、中国一汽集团公司、东风汽车公司、宝钢集团有限公司、武钢（集团）公司。①

（二）发达地区对口支援其他四省藏区概况

自中央召开第四次西藏工作会议以来，国务院相继印发《支持青海等藏区经济社会发展的若干意见》（国发〔2008〕34 号），第一次提出开展对口支援其他四省藏区经济社会发展工作。由于四川、云南、甘肃、青海共有 10 个藏族自治州，2010 年中央下发了《中共中央、国务院关于加快四川云南甘肃青海省藏区经济社会发展的意见》（中发〔2010〕5 号）、国务院办公厅下发了《关于印发支持四川云南甘肃青海省藏区经济社会发展若干政策和重大项目意见通知》（国办函〔2010〕63 号），将其他四省区对口援藏工作提升到国家层面。我国云南、四川、青海、甘肃四省藏区、77 个县（市）陆续纳入上海、天津、北京、辽宁、浙江、深圳、山东、江苏等发达省市对口支援和帮扶的地区。

（三）新时期新一轮定点帮扶其他四省藏区概况

《中国农村扶贫开发纲要（2011—2020 年）》颁布和中央扶贫开发工作

---

① 数据来源于中国经济网，http：//district.ce.cn/zg/201204/24/t20120424_ 23268168. shtml。

会议后，中央、国家机关和有关单位积极响应，主动参与新一轮定点扶贫工作，确定了新一轮定点扶贫结对关系，首次实现了定点扶贫工作对国家重点扶贫开发工作重点县全覆盖，其中涉及 16 家中央、国家机关和有关单位，定点帮扶四省藏区 24 个县（详见表 2-2）。

表 2-2　　中央、国家机关和有关单位新一轮定点帮扶其他四省藏区情况表

单位	受援藏区	单位	受援藏区
中国南方电网有限责任公司	维西（云南）	国家广电总局	德格、甘孜、理塘、色达、石渠（四川）
中国国旅集团有限公司	香格里拉、德钦（云南）	交通运输部	黑水、壤塘、小金（四川）
中央组织部	舟曲（甘肃）	求是杂志社	杂多（青海）
中国作协	临潭（甘肃）	光明日报社	囊谦（青海）
交通银行	天祝（甘肃）	国家电网公司	玛多（青海）
中国海洋石油总公司	夏河、合作（甘肃）	中国国电集团公司	曲麻莱（青海）
中国建筑工程总公司	卓尼（甘肃）	中国普天信息产业集团公司	达日（青海）
中国铁道建筑总公司	甘德（青海）	中国医药集团总公司	治多（青海）

资料来源：《关于做好新一轮中央、国家机关和有关单位定点扶贫工作的通知》（国开办发〔2012〕78 号文）。

二　对口援藏政策的效应

以西藏为例，自改革开放以来，在中央对藏区的特殊关怀和大力支持下，在全国各族人民的无私援助下，对口支援政策使全区实现了跨越式发展。

（一）经济发展持续快速增长

1980 年以来，在党中央、国务院的关怀和全国各地的对口支援下，西藏自治区牢牢抓住中央六次西藏工作座谈会和西部大开发等重要战略机遇，经济总量不断迈上新台阶，呈现出跨越式发展的良好态势。西藏地区生产总值由 1980 年的 8.67 亿元增长到 2014 年的 920.83 亿元，34 年增长了 106.21 倍；人均生产总值由 1980 年的 471 元增加到 2014 年的 29898 元，增幅达 63.5 倍之多。西藏自治区的 GDP 增幅与人均 GDP 增速在 1994 年之前有较大幅度的波动，自第四次西藏工作座谈会以来，近年来基本上保持在高位稳定增长，年增长率为 12%—15%（详见图 2-1、图 2-2、图 2-3）。

西藏自治区地方财政收入也由 1980 年的 -0.60 亿元一跃增至 2014

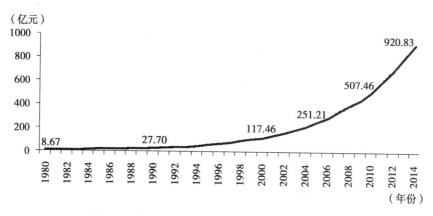

图 2 - 1　1980—2014 年西藏地区生产总值增长情况

数据来源：西藏各年的统计年鉴。

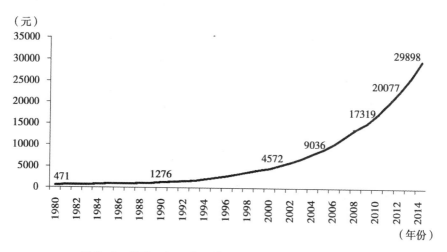

图 2 - 2　1980—2014 年西藏地区人均生产总值增长情况

数据来源：《西藏自治区统计年鉴》（1981—2015 年）。

的 164.75 亿元，增长约 165 倍。西藏全社会固定资产投资由 1980 年的 1.81 亿元一跃增至 2014 年的 1069.23 亿元，增长约 590 倍。西藏自治区消费规模不断增强，全区社会消费品零售总额由 1982 年的 4.15 亿元增长到 2014 年的 364.51 亿元，年均增长率达 15.0%。①

---

① 《2014 年西藏国民经济和社会发展统计公报》。

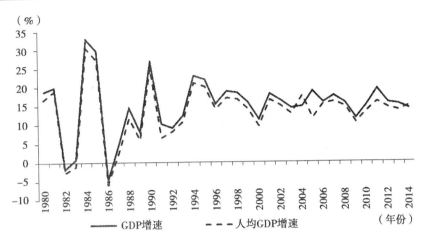

图 2 - 3　1980—2014 年西藏地区 GDP 增速与人均 GDP 增速

数据来源:《西藏自治区统计年鉴》(1981—2015 年)。

（二）产业结构不断优化升级

21 世纪以来，西藏结合区情和资源禀赋，以产业为支撑，以项目为抓手，以园区、招商为平台，以新型工业化、特色产业化、城镇化为驱动，通过人口和产业布局"双集中"、外部扶持与内生动力"双驱动"、经济结构调整跨越、农牧区生产生活方式"双转变"、对内对外"双开放"等战略路径，突破要素制约，优化调整结构，提升产业集聚度，加大投融资力度，加快旅游、商贸、物流、保险等现代服务业发展，培育战略性新兴产业，大力发展城乡特色经济，促进城乡产业协调和城乡居民收入速增，增强自我发展的内生动力，全区实现了经济新跨越发展。

西藏把"稳粮、强优、建基、育龙"作为农牧业产业化发展的主攻方向和重点，在城乡统筹进程中，着力优化农牧业产业布局，推进农牧区经济结构的战略性调整；着力打造高原特色优质农畜产品基地，建设高原生态农牧业现代产业体系；着力培育龙头企业，扶持农民专业合作组织，提高产业化组织程度和产业经营水平。用抓工业的理念和思路经营农牧业，加大以工哺农力度，着力发展优势农畜产品深加工业，整合并创新发展藏医药产业，改造提升并做强做优建筑建材业，积极发展民族手工业，大力发展农牧业产业化，大力发展农村服务业，提高农畜产品附加值。做优做强特色旅游产业，着力开发高原特色生物产业，加快发展骨干能源产业，适度发展载能产业，全区的三次产业结构不断优化调整（详见图 2 - 4）。

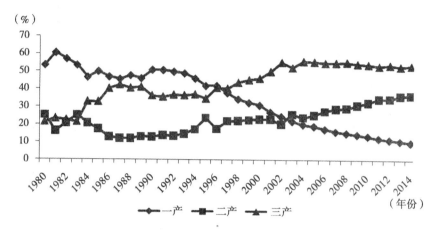

图 2 - 4　1980—2014 年西藏三次产业增加值占 GDP 比重变化情况

数据来源:《西藏自治区统计年鉴》(1981—2015 年)。

(三) 基础设施建设成就辉煌

在中央的关怀和全国发达省市的对口支援下,西藏城乡基础设施建设取得了较大的成就。全区着力实施基础设施先行战略,不断加大交通、能源、水利、城镇和通信方面的投入力度,仅"十一五"期间,就投入了 500 多亿元,进入了一个前所未有的快速发展阶段,实现了许多重大突破,使基础建设这一制约经济发展的瓶颈获得明显缓解。林芝米林机场、阿里昆莎机场和日喀则机场相继建成通航,初步形成以拉萨贡嘎机场为中心,以昌都邦达、林芝米林、阿里昆莎和日喀则机场为支线的五大民用机场网络。青藏铁路、拉萨至日喀则铁路相继通车,那曲物流中心建成使用。墨脱公路开工建设,进藏干线公路基本实现路面黑色化,县通油路、乡镇和行政村通公路水平显著提高,到 2013 年年底,通车总里程达 7.1 万公里,综合交通运输体系逐步完善。全区广播影视覆盖能力显著增强,实现所有乡镇、行政村通广播电视。2010 年底,全区电力总装机容量达到 193 万千瓦;水利灌溉能力明显提高,全区已建成水库 64 座,总库容 11.59 亿立方米;塘坝 5306 座,总库容 1.052 亿立方米,灌溉渠道 1.6 万余条,总长 32 万公里。全区总灌溉面积为 504.40 万亩,其中耕地灌溉面积 280 万亩,林地灌溉面积 57.80 万亩,草地灌溉面积 166.60 万亩。万亩以上灌区已有 35 处,拉萨、日喀则、山南等粮食主产区基本上实现了旱能浇、涝能排,农业生产条件明显改善。

（四）民生建设取得重大进展

2010 年年底，西藏已解决了 153.24 万人的饮水困难和饮水安全问题。2013 年年底，西藏自治区已有 46.03 万户、230 万农牧民住进了安全适用的房屋，农牧民生产生活条件显著改善。基本公共服务水平显著提高，教育、卫生、文化、科技等各项社会事业进一步发展，就业形势基本稳定，社保体系建设全面推进，统筹能力明显增强，提前两年实现农村新型养老保险全覆盖。西藏社保和就业支出由 2000 年的 1.08 亿元逐年增长到 2014 年的 85.97 亿元，年均增 36.7%（见表 2-3）。

表 2-3　　　　　　　　　西藏社会保障和就业支出

年份	社会保障和就业支出（亿元）	年增幅（%）
2000	1.08	52.1
2001	1.48	37.0
2002	3.27	120.9
2003	3.64	11.3
2004	3.89	6.9
2005	4.84	24.4
2006	4.97	2.7
2007	17.30	248.1
2008	27.90	61.3
2009	33.35	19.5
2010	31.91	-4.3
2011	57.68	80.8
2012	65.54	13.6
2013	77.98	25.5
2014	85.97	10.2

资料来源：《西藏自治区统计年鉴》（2001—2015 年）。

在对口援助以及自我发展能力提升过程中，西藏自治区城乡居民收入增长显著提高。随着经济的发展，近年来西藏城乡居民收入都有了较大幅度的提高。2014 年，西藏农牧民人均纯收入为 7359 元，比对口支援开始之年 1980 年增长约 27 倍，年均增幅达 10.2%；城镇居民人均可支配收入达到 22016 元，比 1980 年增长 32 倍，年均增幅达 10.8%（详见表 2-4、图 2-5、图 2-6），从图表显示的数据可看出，西藏地区农牧民收入与城镇居民收入有很明显的差距，但是农牧民人均纯收入近年来保持着高速稳定增长，年增长率都超过 15%，而城镇居民收入增长有所波动，近年来为 8%—10%。

表 2-4　　　　　1980—2014 年西藏城乡居民收入变化情况　　　（单位：元）

年份	城镇居民人均可支配收入	农牧民人均纯收入
1980	683	274
1981	715	296
1982	768	324
1983	840	318
1984	915	446
1985	984	535
1986	1026	492
1987	1229	519
1988	1376	573
1989	1477	555
1990	1613	582
1991	1995	617
1992	2083	653
1993	2348	706
1994	3330	817
1995	4000	878
1996	5030	975
1997	5135	1085
1998	5439	1158
1999	5998	1258
2000	6448	1331
2001	7119	1404
2002	7762	1521
2003	8058	1691
2004	8200	1861
2005	8411	2078
2006	8941	2435
2007	11131	2788

续表

年份	城镇居民人均可支配收入	农牧民人均纯收入
2008	12482	3176
2009	13544	3532
2010	14980	4139
2011	16196	4904
2012	18028	5719
2013	20023	6578
2014	22016	7359

资料来源:《西藏自治区统计年鉴》(1981—2015 年)。

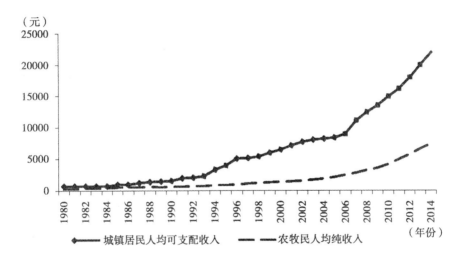

图 2-5　1980—2014 年西藏城乡居民人均收入变化情况

数据来源:《西藏自治区统计年鉴》(1981—2015 年)。

(五) 社会事业跨越发展

仅以教育、卫生事业为例,可看出西藏近年来社会事业步入了跨越发展轨道。教育对口支援以及内地"西藏班"成效显著。西藏教育事业得到前所未有的发展。从统计数据来看,近年来西藏各类教育都获得了较大幅度的提高,小学在校生人数从 1990 年开始快速提高,到 1996 年开始处于稳定的状态,普通中学在校生人数从 2000 年开始有快速的提高(详见图 2-7)。

截至 2014 年年底,西藏各级各类教育学校构成情况为:幼儿园在园幼儿 81123 人;义务教育阶段学习在校学生 419437 人;普通高中学校在校学生 55669 人;中等职业学校在校学生 16719 人;高等院校 6 所,在校学生

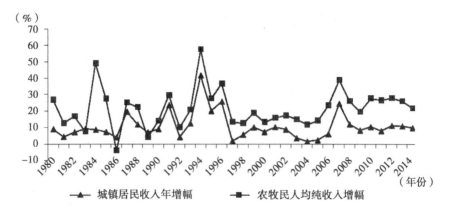

图 2 - 6　1980—2014 年西藏城乡居民人均收入增长变化情况

数据来源：《西藏自治区统计年鉴》（1981—2015 年）。

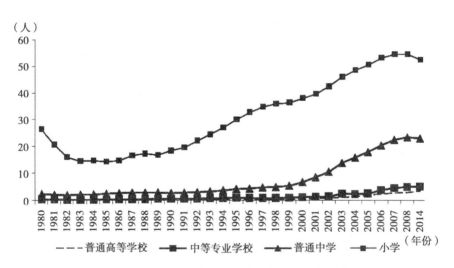

图 2 - 7　1980—2014 年西藏各级各类学校在校学生数

数据来源：《西藏自治区统计年鉴》（1981—2015 年）。

34902 人；特殊教育学校在校学生 656 人；另还有内地西藏班学校在校学生就读（详见表 2 - 5）。由此数据可知，西藏未来教育的发展突破口在普通高中教育和中等职业教育，今后通过普及高中教育，强化技能和就业培训，中等职业教育发展大有可为。

表2-5　　　　　　　　　2014年西藏各级各类教育学校构成

类别	在校学生（人）	所占比重（%）
幼儿园	81123	13.33
义务教育阶段学校	419437	68.93
普通高中学校	55669	9.15
中等职业学校	16719	2.75
高等院校	34902	5.74
特殊教育学校	656	0.1
内地西藏班学校	—	—

注：未统计内地西藏班在校生数。

资料来源：2014年西藏自治区国民经济和社会发展统计公报。

在全国各地对口支援下，尤其是卫生系统对口支援下，近年来，西藏医疗卫生事业取得了较快的发展。截至2014年年底，西藏自治区共有医院、卫生院792个，实有病床床位1.20万张，卫生技术人员1.29万人，每万人拥有的病床数、每万人拥有的医生数量分别为38.2张、41.1人（详见表2-6）。

表2-6　　　　　　　1980—2011年西藏医疗卫生事业发展情况

年份	医院、卫生院（座）	床位数（万张）	卫生技术人员数（万人）	每万人口拥有床位数（张）	每万人口拥有医生数（人）
1980	528	0.43	0.67	23.0	19.4
1981	530	0.46	0.73	24.2	21.1
1982	529	0.44	0.72	23.0	20.5
1983	519	0.45	0.69	22.3	19.2
1984	520	0.47	0.67	23.4	18.3
1985	525	0.46	0.68	22.0	18.3
1986	450	0.50	0.70	23.0	18.4
1987	544	0.52	0.70	24.0	18.8
1988	564	0.53	0.71	23.0	19.5
1989	638	0.54	0.81	23.0	21.8
1990	742	0.54	0.75	23.0	20.8
1991	479	0.55	0.77	23.0	21.0
1992	491	0.59	0.80	25.0	20.6
1993	293	0.50	0.75	20.0	19.6

续表

年份	医院、卫生院（座）	床位数（万张）	卫生技术人员数（万人）	每万人口拥有床位数（张）	每万人口拥有医生数（人）
1994	838	0.56	0.82	22.9	20.7
1995	882	0.62	0.85	26.2	20.8
1996	882	0.61	0.80	25.6	20.7
1997	895	0.63	0.80	25.7	21.4
1998	876	0.65	0.88	26.5	20.7
1999	824	0.64	0.89	26.0	20.9
2000	810	0.64	0.89	25.2	20.9
2001	808	0.64	0.88	25.1	33.5
2002	771	0.61	0.79	23.8	29.7
2003	769	0.62	0.83	24.0	30.7
2004	764	0.64	0.86	23.4	31.3
2005	763	0.68	0.89	24.4	32.2
2006	763	0.76	0.90	26.7	31.7
2007	765	0.71	0.85	25.1	30.2
2008	764	0.88	0.94	30.5	32.9
2010	773	0.88	1.00	30.2	34.4
2011	783	0.96	1.08	31.8	35.6
2014	792	1.20	1.29	38.2	41.1

资料来源：《西藏自治区统计年鉴》（1981—2012 年）。

（六）生态安全屏障建设取得重大进展

通过对口援助，西藏在国家生态安全屏障建设方面取得重大成效。西藏通过加强大江大河源头区、湿地、草原、天然林保护，实施生态系统功能恢复工程，增强江河源头区涵养水源、保持水土等能力，促进区域生态功能恢复；实施退牧还草、草原鼠虫毒草害治理、人工种草与天然草地改良等工程，优先保护天然草场，加强草地资源保护；实施天然林保护、森林防火和有害生物防治工程，加强森林资源保护。加强生物多样性保护，开展重点地区物种资源调查，加强对西藏珍稀野生动植物种群及其栖息地的保护，加强外来入侵物种的预防和控制，强化生物安全管理。加大造林绿化力度，实施防护林体系建设、重点区域生态公益林建设工程，大力开展荒山荒地造林绿化工作，不断扩大森林面积，构建雅鲁藏布江中游"一江两河"流域宽谷地、藏东南"四江"流域重要地带、喜马拉雅山区重要地带、藏西北河谷区宜林地四大防护林体系。努力遏制土地沙化和水土流失趋势，采用生物措施和工程措施相结合的综合治理措施，加大重点地区沙化土地治理力度，提高沙区林草植被覆盖率，建立林灌草相结合的防风固沙生态防护体系。努力改善农牧区生态环境，以人口密集区、农业发达地区、农牧民聚居区、重点水源地、退化草场、沙化土地为重点，加大环境综合治理力度。认真落实"以奖促治""以奖代补"政策，实施农村环境综合整治工程，大力推进人居环境建设和环境综合整治工作。西藏在对口省市及中央部门机关的大力支持下，天然林保护、天然草地退牧还草、野生动植物资源保护、自然保护区建设、水土流失治理、地质灾害防治、植树造林、防沙治沙取得显著成效。全面启动农村薪柴替代工程和"绿色拉萨"工程，青藏铁路、重点公路沿线绿化不断加强。森林生态效益补偿全面实施，草原、湿地等其他生态补偿研究和试点工作稳步推进。垃圾污水处理设施建设加快，主要污染物排放得到有效控制，大力淘汰落后产能，实施节能节电重点工程，单位生产总值能耗持续下降。生态环境保护与建设进入科学规划、协调推进、持续发展新阶段。

三 对口援藏存在的问题及对策建议研究概述

(一) 存在的问题

对口支援西藏是我国对口支援工作中的典型，在援藏过程中存在并暴露出来的一些问题也普遍存在于其他省区的对口支援工作中。一是依赖现象严重。按目前方式持续援建，受援藏区将产生项目、投资依赖现象[1]，从而增强对中央财政支持和对口支援的依赖性。[2] 有的学者将这种现象称为"贫血效应"。具体表现为"越扶越懒"，"越输血越贫血"，发达地区的援助很难激发贫困地区的内在活力，滋生出一种靠补助、要贷款，但生产依旧的现象。二是实施对口援藏的法律制度不健全。由于西藏地区发展的特点，对口支援西藏就成为一个长期且艰难的任务，因此对口援藏政策的制定和实施需要一个相对权威、稳定和连续的法律内环境。[3] 目前，我国对口援藏工作的法律依据仅仅是《中华人民共和国民族区域自治法》中的有关条款，对口

---

① 靳薇：《西藏——援助与发展》，西藏人民出版社2010年版。
② 安德鲁·费舍尔：《设计下的贫困——中国在西藏实行的经济歧视政策》，中国藏学研究中心《藏事译丛》2002年第6期。
③ 董世举：《对口支援西藏发展的问题和对策》，《广东技术师范学院学报》2009年第6期。

支援实施过程中缺乏与其他相关法律法规的协调。[①] 三是对口支援管理体系不健全，实施工作不规范。上海援藏工作课题组指出：由于对口支援是一项全新的工作，因此管理体系的建立有一个完善的过程，尤其是在援藏干部、资金、项目、人才培训等管理上还要进一步形成规范。[②] 在援藏工作的实施过程中，有很多项目的前期开发程序不规范，有的项目则在签订后难以落实，还有不少项目在实施过程中夭折，这些问题导致一定程度上挫伤双方的积极性。四是支援重点不合理，城乡差距持续扩大。改革开放以来，西藏农牧民温饱问题初步解决，但生产效益差，农牧民收入低，人均纯收入仅为全国平均水平的一半，也仅相当于当地城镇居民可支配收入的 1/3。[③] 靳薇在对藏区发展进行实地调研后，将原因总结为：我国目前的对口援藏工作的投资多以中心城市为投资重点。[④] 五是"政府"与"市场"关系不和谐。卢秀敏[⑤]在其研究中指出：在对口支援政策实施过程中，存在政府"缺位"与"越位"问题。由于西藏经济尚未完全由计划经济转变为市场经济，对于市场经济体制下的一些现代经济观念的认识比较薄弱，因此很多的援藏项目是在政府的主导下进行的，忽略了市场的导向作用，产生了低效率的政策投入。董世举[⑥]同时也认为，有的政府服务政治大局意识不强，未能充分发挥引导作用，从而产生了政府"缺位"现象。六是缺乏有效的监督与评估机制。目前，我国对口援藏工作对政策评估工作尚未引起足够的重视，因此导致很多已经失效的政策目前仍然在实施，而一些行之有效的政策却得不到应有的肯定及有效推广。董世举认为，规范、有效的监督机制是对省际支援工作优化的重要保障。我国现行的援藏政策监督的广度和深度还不够。监督的内容还不完整，缺乏绩效监督的内容。

（二）对策建议

针对以上在对口支援工作中出现的问题，许多专家学者都给出了相应的解决对策和建议：

一是立足藏区实际，提高对口支援的有效性。市场发育滞后是影响藏区发展很重要的原因，因此推动和帮助受援地干部群众树立起市场意识、建立

---

① 杨道波：《地区间对口支援和协作的法律制度问题与完善》，《理论探讨》2005 年第 6 期。

② 《上海援藏工作》课题组：《上海援藏工作的思考》，《西藏研究》1998 年第 3 期。

③ 中国科学院地质部：《实现西藏跨域式发展的若干建议》，《地球科学进展》2002 年第 2 期。

④ 靳薇：《和平解放后援藏项目社会经济效益研究》，《西南民族大学学报》2005 年第 2 期。

⑤ 卢秀敏：《对如何更好地在西藏贯彻落实党的民族经济政策的几点建议》，《西藏民族学院学报》2002 年第 9 期。

⑥ 董世举：《对口支援西藏发展的问题和对策》，《广东技术师范学院学报》2009 年第 6 期。

并完善市场体系有助于藏区的发展。针对消除传统援助活动中的消极影响、提高援助的有效性，以"参与式援藏"的模式，明确和尊重当地群众的发展主体地位，立足当地资源和条件，以"改善条件、提高能力、增加机会、赋予权力"举措以促进其全面发展。① 莫代山也指出，"输血"是手段，"造血"才是目的，帮助欠发达民族地区提升自我可持续发展能力是解决发展的重要方式。② "输血"性援藏的短期目标是帮助藏区度过暂时的困难，长远目的应是通过帮助使藏区形成自我"造血"的能力。否则，长期的"输血"性支援不仅会减缓发达地区的经济发展步伐，而且容易消磨欠发达地区自我发展的意识和能力。

二是建立对口支援制度保障机制。法律制度的协调性是法治的必要保障③。我国应该建立并完善协调一致的对口支援法律制度，制定稳定的资金与物资筹集管理制度、人才和智力选派制度，加强对援藏项目实施的监管力度。

三是重点突出，注重区域协调。针对援藏重点不合理这个问题，有学者提出对口支援应打破平均主义，集中力量重点突破，推动民族地区波浪式发展。在市场经济条件下，对口支援应讲求效益，应集中资金，解决当地难于胜任的有关全局的重点基础建设，例如能源、交通、通信等，帮助藏区建设增强其"造血"功能的产业，如农、牧、土特产深加工等产业。另有学者指出，加大教育投入，提高藏区农牧民的素质，促进人力资本的积累④；援藏的重点应由城市向农牧区转移，有效遏制城乡差距的进一步扩大⑤。

四是处理好"政府"与"市场"的关系。专家指出要从两方面入手：一方面，不能将国家援助资金投放在竞争性领域；另一方面，积极探索市场经济条件下有效的援助政策，更好发挥政府调控作用。

五是完善相关体制和政策。首先，需要尽快在支援省市和受援地区建立对口支援的财务公开和事务公示制度，增加资金使用的透明度，自觉接受支援省市人民群众和灾民的监督。其次，加强对对口支援资金的专项审计。再次，建立科学有效的动态评估机制。建立健全一套针对对口支援政策和项目

---

① 周猛：《经济发展理论演变及其对援藏工作的启示》，《西藏研究》2012 年第 4 期。

② 师守祥、张志良、赵灵芝：《藏区发展的价值及措施》，《未来与发展》2002 年第 1 期。

③ 杨道波：《地区间对口支援和协作的法律制度问题与完善》，《理论探讨》2005 年第 6 期。

④ 刘毅、杨明洪：《中央援藏政策对西藏经济发展影响的实证分析》，《西南民族大学学报》2008 年第 4 期。

⑤ 卢秀敏：《对如何更好地在西藏贯彻落实党的民族经济政策的几点建议》，《西藏民族学院学报》2002 年第 9 期。

的科学有效的评估体系。规范、有效的评估机制是对省际间支援工作优化的重要保障。建立健全政策评估机制可以及时发现政策执行过程中出现的问题，从而为政府部门修正政策提供参考，使政策能够发挥最大的作用。①

四　藏区提升自我发展能力研究概述

（一）　自我发展能力内涵及少数民族地区发展的必要性

自我发展能力，是指一个国家或地区经济系统内部的经济效益和地区积累能力。② 简单地说就是自力更生的能力，即充分依靠和发挥自己的内在禀赋、内部动力、内部潜力和内部创造力来发展自己的能力。③ 它强调的是经济发展的自身基础或造血功能。它并不排斥外部力量对一国或地区经济发展的推动作用，相反，它是外部力量发挥积极作用的基础。④ 其经济内涵包括以下五个方面：要素凝聚力、资源组合能力、科技进步能力、制度创新能力和科学决策能力。

少数民族经济社会的发展动因在民族内部，在于自我发展能力的培养。只有自我能力提高了，才能为现代农业、畜牧业、林果业提供动力，才能为城镇化和新型工业化增添动力。增强少数民族自我发展能力是构建和谐社会、全面建成小康社会的必然要求，没有少数民族的小康，就没有整体的小康。

政府主导型对口帮扶机制下贫困主体自我需要和自主发展能力被忽略，阻碍了外在帮扶力量的内在动力化。⑤ 民族地区发展的基本目标是提高少数民族自我生存能力、发展能力以及对全国整体发展的支撑能力。逐步缩小与发达地区差距，最根本的在于提高民族地区的自我发展能力⑥；关键在于强化受援区造血功能。受援区应避免短视现象，发挥比较优势和后发优势，处理好自力更生与外来援助关系，挖掘自身内部潜力；以对口支援为辅助，自

①　赵明刚：《中国特色对口支援模式研究》，《社会主义研究》2011 年第 2 期。

②　鱼小强：《对增强西部地区自我发展能力的思考》，《商洛师范专科学校学报》2002 年第 3 期。

③　刘期彬：《增强自我发展能力是实现西藏跨越式发展的内在动力》，《西藏发展论坛》2011 年第 1 期。

④　朱凯、姚驿虹：《对自我发展能力理论的规范性研究》，《成都理工大学学报》2012 年第 1 期。

⑤　徐静：《对口帮扶新视野——由政府主导型转向市场化基础上政府与 NGO 共同推动型》，《当代贵州》2004 年第 21 期。

⑥　周忠瑜：《努力提高少数民族地区的自我发展能力》，《青海民族学院学报》1988 年第 4 期。

力更生为根本；变"输血"为"造血"，变"供给"为"内生"；以培养自我发展能力为主线，促进民族地区跨越式发展①。

专家学者认为重视并加快藏区发展具有其重要意义：一是藏区发展有利于巩固和发展社会主义民族关系；二是藏区发展是我国稳定的前提和基础；三是发展藏区经济是国家安全的保障；四是藏区的发展是维护国家统一的保证；五是藏区发展是缩小地区差距，实现我国现代化建设第三步战略目标的客观要求；六是藏区的发展是我国实施可持续发展战略的保证。

（二）提升藏区自我发展能力的措施及方法

提升少数民族地区自我发展能力，首先要弄清楚制约少数民族自我发展能力提高的主要因素有哪些。周亚成等人的研究将这些制约因素归纳为以下五点：一是自然环境的制约。包括恶劣的自然环境，同时也包括藏区居民，大多是大分散、小集中，常分散、短集中，使他们与外界的联系少而贫乏。二是传统产业结构和经济发展模式的限制。三是人口和劳动力素质的限制。四是旧观念的制约。五是新机制的限制。② 针对这些制约因素，国内的专家学者也纷纷提出了一些应对建议。

1. 国家的宏观政策

首先，国家需进一步放宽对藏区的宏观政策。③ 也就是说在对藏区领导的同时，应给予藏区更多真正的自治权利，充分挖掘藏区人民的生产潜力，调动藏区发展生产、繁荣经济的积极性。其次，在发展藏区自身积极性的同时，国家还应总体规划、加大对藏区的各项投入。正如少数民族在历史发展时期受到外力影响的情况一样，少数民族地区真正实现可持续发展，仍然需要外力的强有力的推动。④

2. 更新观念

藏区要继续强化发展意识，牢固树立起"发展是解决西藏所有问题的基础和关键"⑤ 的思想，用科学发展观指导各项工作。只有拥有全新的理念、广阔的视野和战略的思维，重新审视藏区发展的基础和条件、优势和劣势、机遇和挑战，才能从根本上为藏区的发展奠定基础。除此之外，一定要

---

① 徐君：《四川民族地区自我发展能力建设问题》，《西南民族大学学报》2003 年第 6 期。

② 周亚成、兰彩萍：《新疆牧区少数民族自我发展能力浅析》，《新疆大学学报》2003 年第 6 期。

③ 周忠瑜：《努力提高少数民族地区的自我发展能力》，《青海民族学院学报》1988 年第 4 期。

④ 徐君：《四川民族地区自我发展能力建设问题》，《西南民族大学学报》2003 年第 6 期。

⑤ 刘期彬：《增强自我发展能力是实现西藏跨越式发展的内在动力》，《西藏发展论坛》2011 年第 1 期。

摆正接受援助与自主发展的关系。国际及国家对藏区的各项援助，很容易使受援地区产生强烈的依赖心理，从而丧失提升自我发展能力的动力，因此受援藏区应正确处理两者之间的关系，充分发挥藏区自身发展的积极性、主动性和创造性，真正把各项优惠政策和各方面的扶持帮助转化成自我发展的能力，促进经济社会全面协调可持续发展。

3. 关注民生，抓好稳定工作

我国社会发展的根本目的就是要不断推进经济建设，提高人们的生活水平和生活质量，满足人民群众日益增长的物质文化和生活需要。因此，要重视藏区人民的民生问题，加强藏区社会稳定工作，只有稳定，才能有发展。为此，专家提出以下建议：（1）降低社会转型的痛苦指数，关注少数民族贫困阶层；（2）保障基本就业，推动发展成果惠及少数民族群众；（3）统筹兼顾，注重调解各方面的利益。① 完善医疗救助体系，切实减轻少数民族人民的负担，解决少数民族贫困家庭无钱看病的问题，确保因病致贫现象的减少。完善文化服务体系，以现代文化为引领，切实转变少数民族传统观念。在少数民族聚居地区新建、改扩建文化活动室、图书阅览室，让少数民族职工群众享有基本公共文化服务。结合国家实施的"千村万家农家店""西新工程"等文化工程，全面促进少数民族聚居地区的文化建设，满足各族群众文化需求。扶贫先扶志，要更加注重精神上脱贫，为自我发展能力的增强提供精神动力。②

4. 加强对藏区人才输入及本地区人才培养

教育现代化是藏区跨越式发展的根本。③ 藏区应在人才的引进、培养和分配方面做到合理规划，对专业技术人才的质量和数量方面有定量的需求预测，更新用人观念，改进用人机制，挖掘内部潜力，千方百计培养、稳定、用好现有人才。发展教育、普及科学技术是提高民族地区自我发展能力的重要手段。

五　简要评述及对云南藏区发展的启示

对已有研究的总结分析可以看出，我国专家学者对对口支援与提升少数

---

① 阿迪力·买买提：《论国家权利与少数民族的自我发展》，《黑龙江民族丛刊》2012 年第1 期。

② 牛云峰：《兵团农四师增强少数民族自我发展能力的成就、经验及对策》，《兵团党校学报》2012 年第1 期。、

③ 王德强、史冰清：《云南藏区跨越式发展的时间与探索》，《云南民族大学学报》2011 年第9 期。

民族地区自我发展能力的研究日益增多。从研究内容上看，多数研究主要集中于对理论政策的宏观描述性分析，研究深度有限，对于藏区实地调研情况的研究较少，且研究数据较为陈旧。从研究方法上讲，多数研究仍停留在定性方面，定量方面的研究文献极为罕见。因此，应深层次探究对口援藏及提升藏区自我发展能力的经验、教训，有针对性地选择差异化政策，逐步完善对口支援政策的协调性、衔接性和配套性，建立健全对口支援机制体制，提高发达地区对口支援有效性；同时，结合藏区资源禀赋、区位状况和经济社会发展水平等因素，探索提升自我发展能力的路径和着力点，促使藏区在发达地区的帮助和自身的努力下，化对口支援外力为自我发展内力，促进藏区科学、和谐与跨越发展。

与对口支援西藏的历史相比，发达地区对口支援云南藏区的时间较短。目前，关于发达地区对口援藏背景下云南藏区提升自我发展能力的研究尚未系统开展，实证研究较少。本研究将进一步在国内外专家研究基础上，以迪庆州为调研对象，从历史与现状的动态视角，纵向分析发达地区对口支援云南藏区在各阶段推进的领域、重点及模式；从省际间、省内发达地区的横向视角，对比分析对口支援云南藏区的领域、重点及模式；从主体意识与能力加强，民族特色产业与经济增长点培育，企业扶持与龙头带动，农牧民增收渠道拓展，发展方式转变等方面，多视角剖析云南藏区在对口支援背景下提升自我发展能力的途径。探讨云南藏区如何借外力、强内力、重合力，提升自我发展能力。探索在对口支援背景下，云南藏区提升自我发展能力的关键着力点及需完善的政策建议，供中央及地方政府决策参考。

第三章

上海对口支援云南藏区的历程及
主要举措

上海市对口支援云南迪庆藏区已经历了三大阶段，上海市认真落实中央藏区工作会议精神，在迪庆投入了大量人力、物力、财力，以项目为抓手，不断完善合作机制和政策保障，创新对口援藏机制，优化配置生产要素，强化示范和引领作用，实施项目一体化管理，积累了丰富经验。

一　主要历程

1996 年上海与云南的思茅市（现普洱市）、文山壮族苗族自治州、红河州建立对口帮扶协作关系。在此背景下，2004 年迪庆被列为上海重点对口帮扶地区之一，上海市嘉定区、宝山区对口帮扶迪庆藏族自治州香格里拉县、德钦县和维西县。2011 年，进一步建立上海与迪庆"三区三县"对口帮扶机制，即上海市嘉定区、宝山区、闵行区分别对口帮扶云南省迪庆州德钦县、维西县、香格里拉县。沪迪对口帮扶以农村基础设施建设和产业扶持为主要内容，以改善生产条件、增加农民收入为重点，以增强迪庆藏族自治州自我发展能力为主要目标，不断探索帮扶模式，经历了从小规模零星扶持向推动区域经济统筹发展转变，从单纯的业务部门扶贫向上下结合、各级各部门密切协作转变，从单一的经济合作向项目投资、产业转移、金融帮扶等多领域拓展，取得了显著成效。按照上海对口帮扶内容、力度及形式的变化，将这 10 年分为三个阶段：

第一阶段：2004—2005 年，帮扶机制初步建立时期。2001 年国务院扶贫开发领导小组办公室制定了《中国农村扶贫开发纲要（2001—2010年)》，在继续坚持开发式扶贫基本原则的基础上，提出将农村扶贫开发瞄准最贫困的人群和最贫困的村庄，并以整村推进为基本手段，以此来引导扶贫资源的输入方向和重点，提高扶贫开发工作的针对性和有效性。云南省在消化吸收国家有关政策精神和要求的基础上，结合自己的省情特点，提出了以自然村为单元，推进扶贫开发整村推进工作。2001年启动安居温饱示范村建设，同年启动第一批22个民族特困乡扶持计划，2003年在全省扶贫开发中启动整村推进项目。

在此背景下，这一阶段沪迪对口帮扶的主要内容是结合安居温饱示范村建设工程、民族特困乡扶持计划、整村推进工程等项目，从各地实际出发，以自然村为基本单元，把基本农田、人畜饮水、道路、社会事业改善等方面作为建设重点，着力改善基本生产生活条件，提高抵御自然灾害的能力。

第二阶段：2006—2008年，帮扶机制完善时期。在此期间，国务院扶贫办部署了"一体两翼"战略的新要求、中央出台了推进新农村建设、加快山区综合开发、实施中低产田改造计划、百亿斤粮食增产计划、农民收入翻番计划等关于"三农"工作的重大决策部署。对于云南而言，虽然前一阶段的扶贫开发工作取得了一定的成绩，但是扶贫攻坚面临的解决温饱与巩固温饱的双重压力比以往更大，五大矛盾进一步凸显，具体表现为：贫困人口的绝对数量大；贫困人口和其他人群收入差距呈扩大趋势；边疆民族地区贫困严重；因灾返贫现象突出，减贫速度也明显减缓；扶贫投入与需求的矛盾进一步加剧。在此背景下，云南省委、省人民政府提出了新一轮扶贫开发的思路：以贫困人口为基本对象，以贫困村为主战场，以改善基本生产生活条件和增加收入为重点，以统筹城乡发展、建立和谐社会为目标，坚持解决温饱和巩固温饱同时推进，坚持贫困农村的经济、社会发展共同进步，坚持开发式扶贫和让贫困人口直接受益同步进行。扶贫开发被当作是建设新农村、实现城乡统筹发展、促进全省城乡经济社会协调发展的重要措施和内容。

在此背景下，沪迪对口帮扶的主要特点是：以整村推进为主要帮扶方式，呈现点多、面广、分散的特征。围绕云南省扶贫开发领导小组办公室《关于加强扶贫开发"整村推进"工作的实施意见》的要求，沪迪对口帮扶项目主要围绕：全村农民人均纯收入跨越温饱标准，人均占有粮食300公斤以上；通过坡改梯等形式，人均建成1亩以上的稳产基本农田（地）；贫困农户居住的毛草房和权权房基本得到改造；基本解决人畜饮水困难；户均有1—2项稳定可靠的增收特色产业项目；有条件的配套建设1口沼气池或节能灶；有条件的户均输出1个劳动力；基本解决适龄儿童入学难和贫困群众看病难问题；基本实现村村通简易公路和村间道路基本硬化。围绕解决迪庆州贫困地区群众的"基本生产、基本生活、基本教育、基本医疗"，坚持以实施整村推进为重点，以增加贫困群众收入为核心，实施基本农田、人畜饮水工程、道路、产业扶持、社会事业改善和村级领导班子等方面的建设。同时，完善对口帮扶的方式，将智力扶持加入到对口帮扶的内容中，派出医生、教师、领导干部到上海进行学习和培训。

第三阶段为 2009 年到现在。为了克服整村推进过程中基础设施建设的分散性和重复建设，提高贫困地区特色产业的集中度，扶贫开发手段需要不断创新。2009 年 5 月，整乡推进试点工作启动。2010 年，《中共云南省委、云南省人民政府关于加快边远少数民族贫困地区深度贫困群体脱贫进程的决定》更加清晰地提出了"资源大整合、社会大参与、群众大发动、连片大开发"的扶贫开发思路，并明确了各有关部门的具体责任。同年 9 月，低保与扶贫衔接试点工作启动；年末，中央西部大开发提出云南三大片区及藏区连片开发总体规划。除整村推进这一主要形式外，云南开始试验示范"整合资金、统筹政策、整村推进、连片开发""整乡推进""县为单位、整合资金、整村推进、连片开发"等多种扶贫推进方式，"大扶贫"时代到来。2012 年 3 月，省长办公会召开，省政府决定以藏区集中连片特殊困难地区扶贫开发为核心，进一步加大对口帮扶力度，支持迪庆州打好新一轮扶贫开发攻坚战。

这一阶段沪迪对口帮扶的主要特点是：坚持因地制宜、分类指导、集中集聚、突出实效的方针，践行"大扶贫"思路，以产业培育、提高扶贫开发水平为重点，瞄准一个到两个扶贫开发重点乡镇，连续几年持续投入。目的是整合资源，集中投入，提升帮扶项目的示范效应，放大扶贫开发工作实效。此外，产业化扶贫被放在了沪迪对口帮扶中更加突出的位置，大力发展乡村特色产业，以促进畜牧、经济林果、药材等吸纳农民就业见效较快、促进农民增收的骨干特色产业发展为重点，加大对龙头企业和农村专业户、普通农户的扶持力度。

10 年来，沪迪对口帮扶与区域合作的实践表明，加快沪迪对口帮扶与区域合作为上海市和云南藏区都带来了新的机遇：一是开拓了市场，扩大了内需。沪迪对口帮扶与区域合作充分发挥了两地的比较优势，加快了云南藏区脱贫致富的步伐，提高了云南藏区的经济发展水平，促进藏区农牧民增产、增收，创造了新的需求，开拓了新的市场；二是上海市作为率先对外开放的地区，这些年来急需化解劳动力成本、土地价格上涨的压力，一些产品、产业逐步向中西部梯次转移是一个客观趋势，沪迪对口帮扶与区域合作为产业梯度转移提供了有利的条件和难得的机遇。因此，沪迪对口帮扶与区域合作不断推向一个新的发展阶段，加快从政府行为、从一般性的无偿捐助向动员社会各方面、向各个领域尤其是经济技术领域的合作扩展不仅是必要的，也是必需的。沪迪对口帮扶与合作的实践表明：这是一条逐步缩小东西部差距，达到优势互补、共同发展的重要途径，是我国实现扶贫攻坚规划目标的一项重要战略举措。引导区域经济协调发展，加强东西部地区互助合作，帮助贫困地区尽快解决群众温饱问题，逐步缩小地区之间的差距，是改革和发展的一项战略任务。沪迪对口帮扶与区域合作对于推动地区间的优势互补，推进社会生产力的解放和发展，加快贫困地区脱贫致富步伐，实现共同富裕，增强民族团结，维护国家的长治久安，都具有重要意义。

二　主要做法及措施

沪迪对口帮扶 10 年来，上海市委、市人民政府认真落实中央藏区工作会议精神，在迪庆投入了大量人力、物力、财力，以项目为抓手，不断完善合作机制和政策保障，旨在夯实迪庆州发展基础，形成了点面结合、统筹规划、分类指导、综合发展、整合资源、协调互动的对口扶贫开发工作格局。

（一）不断创新和完善帮扶协作工作机制，提高对口帮扶效率

在沪迪对口帮扶的过程中，初步建立决策机制、管理机制、协调机制、反馈机制，确保了沪迪对口帮扶工作的"无缝"对接和顺利开展。具体表现在以下三个方面。

1. 完善滇沪对口帮扶合作联席会议制度

云南—上海对口帮扶协作领导小组每年召开一次联席会议，两省市形成了双方高层领导的互访协调机制，共同编制帮扶合作五年规划，明确各项工作任务和措施，按照有思路、有规划、有机制、有创新、有成效的"五有"要求，拓展合作领域，创新合作方式，有效推进两省市帮扶合作工作。

2. 建立对口帮扶协调领导机构

双方分别成立由省（市）领导牵头的对口帮扶合作领导小组，下设办公室，负责协调、落实各项帮扶合作任务。

3. 强化管理

上海市对口云南帮扶协作领导小组办公室和云南省沪滇对口帮扶协作领导小组办公室出台了各级工作责任制和项目跟踪反馈等制度和管理办法，加强对项目实施计划的审定和跟踪。定期将迪庆州信息汇总到上海市政府驻昆明办事处，以信息简报的形式刊发，对于沟通信息、总结经验、审定计划、落实项目起到重要的保障作用。

（二）以产业化扶贫优化配置生产要素，增强对口帮扶的示范和引领作用

产业化扶贫是沪迪对口帮扶的重要内容，2004—2014 年，围绕优势产业、龙头企业、农户、基地、科技、市场等不同生产要素，沪迪对口帮扶共

完成产业开发项目 57 项，投入帮扶资金 3162 万元。主要措施及做法如下。

1. 通过劳动力培训，为贫困农户提供科技扶持

针对贫困地区贫困群众需要，在贫困地区重点选择扶持一批与地方特色产业发展相结合的科技项目，整合扶贫、农业、劳动保障、教育等部门资源，通过认真组织实施好"百万民工培训工程""科技扶贫示范"等项目，建立输出、输入地互动机制，大力开展订单、定向、定点培训，增强培训的针对性，提高培训转移就业的比例。

2. 通过技术推广、培训示范、科学普及等多种途径，注重贫困农户的能力建设

一方面，将示范基地积极引种、试种科技含量高、经济效益好的农牧业品种，在引种、试种成功的基础上再向农民推广。因地制宜培植和扶持发展产业，在高海拔地区示范畜牧养殖产业和种植玛咖产业；在迪庆州山区半山区示范推广经济林果和药材产业，发展特色经作；沿澜沧江一线推广种植葡萄等产业；沿金沙江一线试点推广油橄榄产业；同时在城郊乡镇、村庄推广蔬菜、畜禽产业。另一方面，在示范基地讲解和集中培训，让农民实地掌握优势产业生产管理技术和相关农业知识。此外，聘请科研院所和大学的专家教授为"科技顾问"，每年来基地县、乡为贫困户授课培训和现场指导生产，帮助贫困户解决在扶贫生产中遇到的各类技术难题。

3. 扶持龙头企业和农民专业合作组织

按照因地制宜的原则，通过信贷支持、扶贫资金投入、优惠政策等措施重点培育、扶持和发展起一批竞争优势足、带动能力强、经济效益好的农产品龙头企业和农民专业合作组织。引导龙头企业与贫困农户、产业基地相连接。主要通过与龙头企业签订产销合同，引导和组织贫困地区农户，按专业化、规模化和标准化方向建设优势产业基地。

（三）以项目为抓手，实施对口帮扶项目一体化管理

沪迪对口帮扶过程中，为了合理使用有限而稀缺的项目资金，杜绝对口帮扶资金不到位，或者是被相关机构"截留""挪用"的现象，建立了一个涵盖项目前期论证、初期评定审查、中期跟踪检查、后期盘点督查的全程监督、动态管理的工作机制。

1. 从各地实际出发申报项目

由乡（镇）根据自身发展的需要和实际困难申报项目，县沪滇领导小组进行项目前期论证，制订出详细的计划方案，排出时间节点、资金使用规模、检查验收标准、负责单位和责任人，并且及时将计划方案上报汇总到迪庆州扶贫办和上海市驻迪庆联络组。沪迪对口帮扶确定的援建项目不得随意

变更，建设内容和标准不得擅自调整。如项目需调整、变更，必须报请沪滇对口帮扶项目迪庆州领导小组同意并批复后方可进行调整变更。

2. 资金分期足额拨付

按照对口支援协议，上海合作交流办按项目进度把市、区对口帮扶专项资金及时足额拨付到位，帮扶项目启动前预拨40%左右资金，项目实施中期拨付40%左右资金，项目验收合格后拨付20%的尾款。资金拨付由上海市政府合作交流办将资金划拨至迪庆州扶贫办，由迪庆州扶贫办和上海市驻迪庆联络组按照项目进度及所需的资金如数拨付到各县扶贫办及相关单位。

3. 扶贫项目资金按照进度及时组织审核和验收

按照扶贫资金"谁使用，谁负责"的管理原则，县政府对扶贫资金管理使用、安全运行、廉政负全责。对新农村建设整村推进项目，主要由县、乡自行验收；新纲要示范村、规模化产业发展项目由省沪滇对口帮扶合作领导小组组织专家测评或交叉检查。县扶贫办组织对项目建设质量和进度进行检查和督促，及时组织验收、结算、审计，并提交完整的项目报告反馈至迪庆州扶贫办，上海市政府合作交流办公室负责对对口帮扶项目给予指导。

4. 大力推行资金拨付、管理和使用的公告、公示和报账制度

在乡（镇）政府、村所在地醒目位置公告、公示项目实施内容、组织实施部门、投入资金数量、资金来源、建设进度、群众投工投劳等情况。依靠广大群众和社会舆论的监督，保证资金分配、管理、使用的各个环节公开透明。对监督部门发现的问题，依法严肃处理，并将结果通过媒体予以公示。

（四）以整村推进为抓手，聚焦农村基础设施

沪迪对口帮扶将农村基础设施建设作为主要内容，包括农业生产基础设施、农民生活基础设施以及农村社会事业基础设施。其中，农业生产基础设施主要涉及农田水利设施、部分农业生产工具设施、农业生产技术服务设施等，农民生活基础设施主要涉及农村交通、通信设施、饮水、排水设施、能源设施等，农村社会事业基础设施主要包括教育设施、医疗卫生设施、文化娱乐设施等。沪迪对口帮扶主要采用以下两种形式来推进农村基础设施建设。

1. 以自然村为单元实施整村推进

为了提高扶贫的针对性和有效性，基于迪庆州贫困人口"大分散、小集中"、片线并存的特点以及特殊的自然条件特征，沪迪对口帮扶将整村推进的单元下移到自然村，以便使有限的扶贫资源更有效地投入贫困面大、贫困程度深的区域和农户。

2. 探索整乡推进

2009 年以后，为了进一步完善扶贫战略和对口帮扶措施，开始尝试在一个到两个乡镇的范围内推行整乡推进，由此打破了村界，一个乡（镇）一个乡（镇）地解决贫困问题，形成带动性大、支撑能力强的大项目，推动工作力量向贫困地区集中、引导资金向贫困地区聚集，促使扶贫开发的带动辐射效应成倍放大。同时，有利于在更大区域内谋划布局产业发展，形成跨区域、上规模的"一村一品""一乡一特"的特色优势产业，促进农民长远脱贫增收。

（五）以智力扶持和科技扶持为重点，加大教育、医疗对口帮扶

在教育对口帮扶方面，从 2004 年到 2014 年，共投入对口支援资金 11106 万元，实施了 101 个项目。其中，完成州、县学校建设 72 项，投入对口支援教育的资金 8559 万元；建设完成乡镇学校 6 所，上海投入对口支援资金 1200 万元；建设完成村级学校 22 所，上海投入对口支援资金 1347 万元。建成了一批以迪庆州民族中学、香格里拉中学等为代表的教育帮扶项目，助推迪庆州"普九"义务教育目标的实现和巩固，推进了迪庆州教育事业的跨越性发展。

在人力资源开发上，上海先后选派挂职干部 5 批 20 人、支医工作队 9 批 50 人、支教工作队 9 批 125 人、青年志愿者 89 人，到迪庆州开展挂职干部锻炼、支医支教工作。迪庆州每年选派中小学骨干教师、校长到上海师资培训中心接受轮岗学习和培训；选派 143 名县处级干部在上海的嘉定区、宝山区进行挂职锻炼，423 名干部到上海接受短期培训。在医疗卫生帮扶方面，上海市从 2004 年到 2014 年共投入对口支援医疗卫生事业的资金为 5067 万元，累计实施了 85 个卫生项目。其中，建设完成州、县医疗卫生项目达 34 项，投入对口支援资金 3615 万元；建设完成乡镇卫生室有 7 所，投入对口援助资金 800 万元；建设完成村级卫生室 44 个，投入对口支援资金 652 万元。这些项目资金集中用于州中医院、藏研院、香格里拉妇幼保健院、乡镇卫生院、村级卫生室等业务用房、基础设施建设以及医疗设备的采购等。另外，上海还组织医疗服务队到迪庆开展对口"帮带"，上海交大第三附属医院对口帮扶香格里拉人民医院，开展远程技术指导。这一系列医疗卫生对口支援的项目实施，有力地推动了迪庆州医疗卫生事业的发展。

第四章

上海对口支援云南藏区的成效及经验

上海对迪庆州的发展给予了全方位的支援和帮扶，受援的迪庆藏区基础设施条件不断改善，支柱产业和特色产业不断培育壮大，脱贫致富的步伐不断加快，新农区、新牧区、新社区建设示范带动效应显著，基层干部群众整体素质大幅提升。上海市等发达地区对口支援，增强了迪庆州自我积累、自我发展的能力和后劲。沪迪援助与合作积累了一些经验，诸如高位推动、务实合作，统筹协调、整合推进，优势互补、多方参与，规范管理、完善机制，责任分解、监督协作，各计其功、整合推进，产业扶持、放大效应等经验，这些都值得推广。

一　主要成效

2004—2014 年，上海对迪庆州的发展给予了全方位的支援和帮扶，10 年来上海市对迪庆藏区累计投入对口支援的资金达 47854 万元，扶持和实施了对口支援项目共计 714 项。其中，计划内投入对口支援项目达 514 项，投入援迪资金达 36582 万元；计划外对口支援迪庆州的项目达 200 项，投入对口援迪资金 11272 万元。其中：完成新农村建设项目 319 项，投入新农村建设资金 18946 万元，项目涉及全州 3 县、11 乡镇、47 个村委会、582 个村小组、农户 15794 户、农牧民 70572 人。上海对口支援迪庆州新农村建设，在改善迪庆农村基础设施建设、培育壮大支柱产业、加快脱贫致富步伐等领域起到了示范带动作用，增强了迪庆州自我积累、自我发展的能力和后劲。

（一）贫困发生率降低，区域内部差距变小

沪迪对口帮扶通过大力实施整村推进和产业扶贫等重点扶贫项目，迪庆州贫困人口从 2007 年年底的 11.76 万人下降到 2010 年年末的 6.12 万人，减少了 5.64 万人，贫困发生率由 39.2% 下降到 19.6% 左右。虽然由于 2011 年贫困标准大幅提高，从 2010 年的 1274 元/人提高到 2300 元/人，贫困标准的改变带来了贫困人口数量、贫困发生率的大幅反弹，2011 年迪庆州贫困人口数量为 19.91 万人，贫困发生率为 63.7%，但是不能掩盖沪迪对口帮扶对于贫困人群脱贫、减贫所发挥的成效，到 2014 年迪庆州贫困人口减少到 11.58 万人，贫困发生率下降至 36.38%。2007 年迪庆州的贫困发生率为 39.2%，全省为 16.5%，迪庆州比全省平均水平高了 22.7 个百分点；到了 2010 年，迪庆州的贫困发生率下降到 19.6%，全省为 8.6%，差距缩小为 11 个百分点。贫困标准提高后，2011 年迪庆州的贫困发生率为 63.7%，全省为 27.1%，迪庆州比全省平均水平高了 36.6 个百分点。经过几年持续对口帮扶和扶贫攻坚，到 2014 年迪庆州的贫困发生率比全省平均水平高了 20.89 个百分点（详见表 4 - 1）。

表 4 - 1　　　　　　　　　迪庆州贫困发生率分布表　　　　　　　（单位:%）

年度	2007	2008	2009	2010	2011	2012	2013	2014
香格里拉县	33.7	27.9	26.8	17.3	57.9	45.12	40.03	31.89
德钦县	47.9	41.2	39.8	23.9	74.2	53.60	47.75	37.51
维西县	40.3	35.1	33.7	19.9	64.6	55.62	47.38	39.72
迪庆州	39.2	33.4	32.1	19.6	63.7	51.31	44.66	36.38
全省	16.5	15.3	14.7	8.6	27.1	21.58	17.74	15.49

资料来源：2007 年、2008 年数据依据国家统计局云南调查总队《2008 年云南省农村贫困人口分县测量结果表》相关数据整理，2009 年、2010 年数据依据国家统计局云南调查总队《2010 年云南州市县及分类农村贫困监测情况表》，2011 年数据依据《2011 年云南州市县及分类农村贫困监测情况表》相关数据整理，2012—2014 年数据来源于《云南领导干部手册（2013—2015 年）》。

值得强调的是，上海市对口帮扶减轻了迪庆州内部经济发展的不平衡。从 2007 年到 2014 年的 8 年间，德钦县的贫困发生率是迪庆州最高的，而香格里拉县是最低的。2007 年，德钦县贫困发生率高于香格里拉 14.2 个百分点，此后这一差距逐年降低，2014 年降到了 5.62 个百分点（详见表 4 - 1）。

全州农牧民人均纯收入由 2004 年的 1276 元增长到 2014 年的 5865 元，增长了 4589 元，年均增速高于全省平均水平 1.7 个百分点；经济总量不断增加，发展质量不断提高，经济社会发展主要指标平均增幅保持在 20% 以上，各项主要经济社会指标增幅位列全省 16 个州（市）和全国 10 个藏族自治州的前列，成为全国藏区发展稳定的一面旗帜。

（二）迪庆州贫困程度减轻

一方面，迪庆州内部各县的贫困深度指数均走低，且均为负值，意味着贫困程度缓解，迪庆州的贫困深度指数从 2007 年的 - 1.14339 到 2010 年的 - 1.62716，虽然由于 2011 年贫困标准提高导致贫困深度加重，但是 2011—

2012 年贫困深度又有所缓解；另一方面，与全省贫困程度的差距大幅缩小。贫困深度指数与全省平均水平的差距已由 2007 年的 0.764761 缩小到 2012 年的 0.281739（详见表 4-2）。

表 4-2　　　　　　　　　迪庆州贫困深度指数

年度	2007	2008	2009	2010	2011	2012
迪庆州	-1.14339	-1.16973	-1.45485	-1.62716	-0.78478	-1.07348
香格里拉县	-1.24555	-1.25418	-1.5301	-1.66719	-0.77304	-1.11609
德钦县	-1.13027	-1.18729	-1.46154	-1.64678	-0.83565	-1.23304
维西县	-1.04873	-1.06355	-1.3704	-1.56593	-0.73696	-1.01174
全省	-1.90815	-1.81689	-2.30435	-2.18838	-1.05304	-1.35522

资料来源：2007 年、2008 年数据依据国家统计局云南调查总队《2008 年云南省农村贫困人口分县测量结果表》相关数据整理，2009 年、2010 年数据依据国家统计局云南调查总队《2010 年云南州市县及分类农村贫困监测情况表》，2011 年数据依据《2011 年云南州市县及分类农村贫困监测情况表》相关数据整理。

（三）农户自我发展能力得到增强

2004 年以来沪迪对口帮扶在很大程度上激发了农民的生产积极性，从而为农业生产的稳步发展、农民收入的持续增长打下了坚实的基础。从农民收入水平来看，实施对口帮扶以前，从 1993 年到 2003 年，迪庆州农民人均纯收入从 487 元增加到 1116 元，年均增长率为 8.6%，而全省从 675 元增加到 1697 元，年均增长率为 9.7%，迪庆州农民人均纯收入水平慢于全省。

自 2004 年实施沪迪对口帮扶以来，迪庆州农民人均纯收入从 2004 年的 1276 元增加到 2014 年的 5865 元，年均增长率为 16.5%，而与此同时，全省从 1864 元增加到 7456 元，年均增长率为 14.8%。从迪庆州与全省农民人均纯收入差距来看，2003 年全省农民人均纯收入是迪庆州的 1.5 倍，到 2014 年这一差距缩小为 1.3 倍，这表明：在上海市对口帮扶的作用下，迪庆州农民人均纯收入增长速度显著加快，与全省平均水平差距明显缩小（详见图 4-1）。

（四）区域自我发展能力明显增强

沪迪对口帮扶紧紧围绕农村基础设施建设和产业发展扶贫项目，实现了富县又富民的效果。从经济总量看，2014 年迪庆州实现地区生产总值 147.21 亿元，按可比价格计算比 1978 年增长了 294 倍，年均增长速度为 17.1%，同期全省地区生产总值年均增长速度为 15.6%，迪庆州略快于全省 GDP 增长速度。但进一步看，我们发现，2004 年实施沪迪对口帮扶以

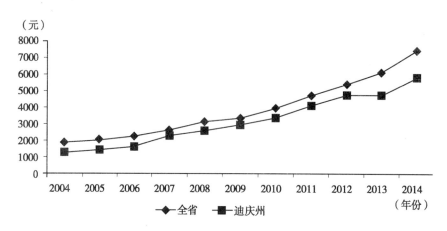

（元）

图4-1　2004—2014年农民人均纯收入趋势

数据来源：《迪庆州统计年鉴》（2005—2015年）。

来，迪庆州经济发展速度大幅加快，从1978年到2003年，迪庆州GDP的年均增长速度为14.1%，同期，全省为15.4%，迪庆州慢于全省经济发展速度；2004—2014年迪庆州GDP年均增长速度大大提高，达到20.2%，而全省仅为15.8%。

从迪庆州GDP在全省经济总量的比重来看，2004年以前迪庆州GDP占全省的比重经历了1978—1988年的持续上升、1989—1998年的不断下降以及1999—2003年的缓慢回升、2004—2014年快速提升四个时期，这一比例从1978年的7.25‰上升到1988年的9.7‰，于1998年跌落到最低点4.11‰，后缓慢回升到2003年的5.55‰，继而飞跃到2014年的11.49‰（详见图4-2）。这一过程充分证明：沪迪对口帮扶明显改善了迪庆州群众生产生活条件，迪庆州经济发展基础夯实，区域自我发展能力显著增强。

（五）多渠道促进帮扶地区农户增收

沪迪对口帮扶与区域合作中实行产业扶持与劳动力转移相结合，提升了云南藏区产业支撑能力，多渠道增加贫困农户收入。

培育和发展受援藏区的支柱产业，提升贫困地区和贫困群众的自我发展能力，是当前沪迪对口帮扶与区域合作中促进农民增收、农业增效、地区发展的有效模式。沪迪对口帮扶与区域合作，实施产业帮扶与劳务输出相结合、支柱产业培育发展与科技推广相结合，促使云南藏区集中扶持发展了一大批种养殖的特色经济项目和产业，经济发展基本实现了由方式不多、后劲不足向产业多样、规模发展的巨大转变。培植了经济林果、中药材等特色产

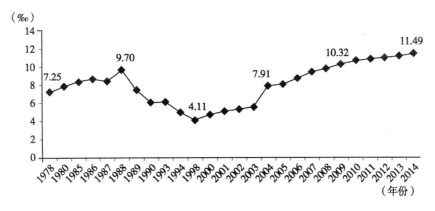

图 4 – 2　主要年份迪庆州 GDP 在全省的比重分布

数据来源：根据《迪庆州统计年鉴》（1979—2015 年）整理而得。

业，建设了一批猪、牛、羊、生态鸡等养殖基地，涌现了一批龙头企业，以"公司＋基地＋农户"模式带动当地特色产业发展，产业收入占农民人均纯收入的 40% 以上。注重加快中长期产业培育与短期增收项目梯度结合和种养殖业协调发展，重点扶持规模化农特产业。

　　与此同时，沪迪对口帮扶与区域合作把对云南藏区的贫困人口进行劳务技能培训和劳务输出，作为较快提高贫困农民收入水平，进而实现脱贫致富的重要手段，坚持产业帮扶和劳动力输出双轨促进当地贫困农户增收的思路，探索出上海帮扶打基础、联合办学搞培训、实行订单保输出的劳务培训与转移新路子，建立"职教＋园区＋企业"相结合的劳动力转移培训机制，有效实现了农民增收。10 年来，上海已经重点帮扶迪庆州搭建了劳务输出培训中心，充分利用当地各类教学资源，探索出了一条联合学校搞培训，实行订单保输出的劳务培训与转移新路子，取得了"培训输出一人、致富一家、带动一村、影响一片"的良好效果。

　　（六）帮扶地区乡村建设示范带动效应显著

　　2004 年以来，沪迪对口帮扶与区域合作始终把改善贫困地区生产生活条件作为重点之一，大力推进以整村推进为主，产业扶贫与劳务输出、易地搬迁相结合的扶贫开发项目，有效提升贫困群众的自我发展能力。10 年来，迪庆藏区帮扶基础设施建设项目的资金占据了近 60%，主要以基本农田改造、道路修建、路面硬化、灌溉水利建设、人工种草以及完善农村电网、广播电视、饮水工程建设等为重点的整村推进新农村建设，成功探索实施了合力攻坚整乡推进试点、新纲要示范村、迪庆藏区"新农区、新牧区、新社区"三区联动建设试点、乡村民族文化旅游产业开发等创新帮扶合作试点，新增和改建了农村公路，提高了县、乡、村的公路通达能力，优化了交通运输条件；改善了灌溉条件，旱涝保收面积大幅度增加；扶持的贫困自然村实现了"四通七有"，解决和改善了当地深度贫困人口的饮水安全问题，有效提高了受援区群众生产生活条件，基本实现贫困地区农民素质有提高、村级组织建设有加强、村容村貌有优化、乡风文明有进步，充分发挥帮扶地区新农村建设的示范带动效应。目前，沪迪对口帮扶项目区发展实现了"六个呈现"：一是发展呈现新态势。沪迪对口帮扶项目涉及的县、乡（镇）、村综合经济实力明显增强，农民收入大幅增加，基础设施明显改善，社会事业明显加强，服务体系逐步建立，人居环境大为改观，实现了跨越式发展。二是产业呈现新格局。沪迪对口帮扶项目区集中连片、成规模地发展优势产业，优化调整农业农村经济结构，形成跨区域、上规模的"一村一品""一乡一业"的特色优势产业，提高了特色产业发展质量和效益，夯实农民长远脱贫增收的基础。三是村庄呈现新面貌。沪迪对口帮扶项目区既改善生产生活条件、发展增收致富产业，也加大了以改房、改水、改厕、改灶和治理"脏、乱、差"为重点的村庄整治力度，使贫困群众居住环境明显改善，村容村貌焕然一新。四是制度呈现新体系。通过对口帮扶工作的探索，逐步建立和完善了有效的对口帮扶投入机制、资金整合机制、社会参与机制、组织保障机制、群众主体作用发挥机制。五是能力呈现新提高。沪迪对口帮扶激发了项目区贫困群众脱贫致富的积极性，各地在实践过程中，一方面，通过项目的实施加强对贫困群众的科技培训，通过教育扶贫加大对贫困地区人才培养的力度，通过培训转移贫困地区农村劳动力，资助深度贫困农民家庭子女接受中、高等职业教育；另一方面，通过建立健全专业协会等农民自我组织，提高了农民的组织化程度。贫困农户自我发展能力得到明显提升。六是基层干部群众呈现新气象。沪迪对口帮扶对人力资源的开发与培训，加强了县（市、区）、乡（镇）、村各级干部队伍的能力提升和素质培养，增强了各级干部的工作能力和业务素质；培养了一批各类人才和农村致富带头人，提升了项目区干部群众的人力资本，增强了项目区的自我发展能力，为促进边疆稳定、民族团结、社会和谐发挥了重要作用。

（七）基层干部群众整体素质大幅提升，自我发展能力增强

沪迪对口帮扶与区域合作一直把开发和提升云南藏区的人力资本存量作为提高云南藏区贫困人口自我发展能力的关键举措，主要开展了两个方面的人力资本开发与提升：一是组织干部交流培训，加强沪迪两地各级领导干部

的交流和沟通，强化干部队伍建设，改变干部的发展理念，提高干部素质和能力。2004年以来，沪迪两地把双方的干部交流作为帮助云南藏区开发人力资本的重要方式。上海先后派出9批援迪干部，充分发挥联系面广的优势，积极动员社会力量参与帮扶。迪庆州先后选派州市、部门和县区数千名干部及技术人员到上海接受培训，各对口区县积极衔接，选派处、科级干部赴沪挂职和跟班学习。二是开展技术交流项目和培训各类技术人才，不断增加云南藏区的人才储备和人力资本，为云南藏区跨越发展提供技术和人才保障，提高云南迪庆藏区自我发展和自主创新能力。上海通过专家巡讲、远程教育等方式为云南迪庆藏区教育、卫生、金融、园区管理、产业开发、片区扶贫开发规划编制及招商引资等重点领域紧缺实用专业人才进行培训，为云南藏区跨越发展打下了坚实基础。

综上所述，沪迪对口帮扶与区域合作呈现出力度不断加大、领域不断拓宽、机制不断创新、体系不断健全的良好势头。综合分析沪迪对口帮扶与区域合作，呈现三个特点：一是形式多样，覆盖面广。沪迪对口帮扶和区域合作中，上海市的3个区县以及各相关部门、社会各界、各类企业都参加了沪迪对口帮扶和区域合作工作。二是多领域、全方位帮扶与合作，成效显著。沪迪对口帮扶与区域合作，是国家为实现共同富裕目标做出的一项制度性安排。自2004年开始实施以来，沪迪对口帮扶创造了形式多样的帮扶模式，逐步形成了政府援助、企业合作、社会帮扶、人才支持为主的基本工作框架，帮扶力度越来越大，帮扶范围越来越广，成效非常显著，为加快云南藏区减贫进程、推进西部大开发、促进区域协调发展、努力实现全体人民共享改革发展成果做出了重要贡献。三是对口帮扶与区域合作实现了网络化。沪迪对口帮扶与区域合作发展到现在，已经成为一个系统庞大的网络，它不仅仅是一个沪迪两地之间的对口帮扶工作，更是一个庞大的社会对口帮扶系统，也是目前沪迪两地最大、最复杂且很有效的扶贫开发与经济合作相结合的系统。

二　积累的主要经验

沪迪对口帮扶已形成了经济、干部、教育、科技、医疗卫生等多内容、宽领域的合作方式，探索出了以民生改善为重点、以制度建设为保障、以项目实施为载体、统筹当前与长远的机制和模式，初步构建起了"政府援助、人才支撑、企业合作、社会参与"的对口帮扶工作格局。沪迪对口帮扶过程中积累了很多经验，值得推广。

（一）帮扶地区乡村建设示范带动效应显著　基层干部群众整体素质大幅提升，高位推动，务实合作

沪迪双方政府形成了高位强势推进沪迪对口帮扶和区域合作的态势：一是沪迪双方成立了由党政领导牵头的对口帮扶合作领导小组，高位务实推进对口帮扶合作，定期召开双方领导小组联席会议暨沪迪对口帮扶合作现场交流会议，互通帮扶合作情况、共商帮扶合作大计，形成一年一度的工作联席会议制度，推进对口帮扶合作工作深入发展。二是沪迪两地政府建立和加强了高层互访机制，强化了联席会议机制，增强了工作计划性。三是沪迪双方帮扶合作领导小组办公室建立和完善了沟通对接机制，密切合作，加强对帮扶合作宏观指导和跟踪服务。

（二）统筹协调，整合推进

沪迪两地党委、政府始终按照党中央、国务院实施东西扶贫协作战略统一部署，遵循有思路、有规划、有机制、有创新、有成效的"五有"机制和"民生为本、产业为重、发展为先"的原则，按照"开创性、务实性和操作性"相统一的要求，围绕帮扶地区群众最关心、受益最直接、要求最急迫的问题，不断探索、创新对口帮扶合作新模式、新机制和新举措，实现由单一的进村入户、解决温饱向整乡规划、整村推进、片区开发全面发展，社会事业帮扶逐步向教育、文化、卫生、科技等全方位延伸，经济合作呈现强劲发展态势，形成了"政府援助、人才支持、企业合作、社会参与"的帮扶合作格局。

（三）优势互补，多方参与

沪迪对口帮扶和区域合作已经实现了"两个拓展"：一是东西扶贫协作已由刚起步时东部单向帮扶西部，拓展为在对口帮扶框架下东西部双向互动、共同发展、实现共赢；二是由政府间的援助行为拓展为各类市场主体的共同参与，再发展到包括各类社会团体、民间组织、爱心人士在内的社会各界多形式、宽领域的广泛参与。①

（四）规范管理，完善机制

管理制度和工作机制不断完善，逐步实现规范管理、高效运行，是成功实施沪迪对口帮扶与区域合作的重要保障。一是沪迪对口帮扶合作部门间建立工作会议制度，由部门负责人进一步细化帮扶合作项目。二是对口帮扶州（市）、区（县）之间建立工作机制，汇报帮扶进展情况，研究深化帮扶合

---

① 范小建：《在全国东西扶贫协作工作座谈会上的讲话》，国务院扶贫开发领导小组办公室编《扶贫工作动态》2012 年第 2 期。

作工作举措，确定年度帮扶合作重点项目。三是双方帮扶合作领导小组办公室建立和完善了沟通对接机制，密切合作，加强对帮扶合作的宏观指导和跟踪服务，制定了项目资金管理有关制度，有效促进了帮扶合作制度化、规范化运行。通过建立健全帮扶合作工作定期会议制度、部门联席会议制度、对口区（县）帮扶机制及帮扶项目跟踪管理等一系列工作制度，为全面开展沪迪帮扶合作提供了强有力的制度保障。

总结沪迪对口帮扶 10 年的实践，沪迪对口帮扶与区域合作的管理和运行之所以成功，主要是因为做到了"三个到位"，一是帮扶意识和工作态度到位。帮扶效果的好坏关键在于态度和意识是否到位，只有态度和意识到位才能真正使对口帮扶落在实处。通过上面的分析不难发现，在对口帮扶的帮扶方式中，上海市各级政府非常重视对口帮扶，扶贫投资力度持续加大，创造了多种帮扶模式，成效显著。二是政策措施到位。一方面，在扶贫开发中，上海市各级政府在认真调查研究云南迪庆州对口帮扶县的贫困问题，提出切实可行的新思路、新方法，创新帮扶模式的基础上，不断加大投入力度，落实对口帮扶项目；另一方面，在经济合作方面，上海市和云南省以政府为主导，企业为主体，以科技交流合作和产业转移发展为重点，不断拓展合作领域，创新合作形式，促使经济合作落在实处。三是工作机制到位。目前，沪迪对口帮扶和区域合作的工作机制不断完善，沪迪两地建立和加强了高层互访机制，强化了联席会议机制，增强了工作计划性，签订了对口帮扶规划或合作框架协议，不断完善了资金管理和使用、项目实施和监督、干部交流培训等制度。

（五）责任分解，监督协作

各级党政主要负责人是沪迪对口帮扶和区域合作的第一责任人，各级各部门一把手是沪滇对口帮扶和区域合作的第一负责人，制定了科学合理的目标，细化分解任务，认真落实责任，实行分级负责。同时，沪迪对口帮扶和区域合作项目严格执行公告公示制、扶贫项目永久性公示牌设立制、审计监察制、资金专户管理制、资金报账制、跟踪问效制、招投标制、大宗物资集中采购制、项目验收考核及后续管理制等，严格落实整村推进、产业扶贫、劳动力转移培训、信贷贴息项目、村级互助资金绩效管理制，着力推行沪迪对口帮扶扶贫项目廉政承诺制、贫困群众廉政评议制、贫困群众廉政评议员制，牢固树立了上级监督，部门监督，审计监察监督，人大、政协监督，舆论监督，群众监督六道防线。

沪迪对口帮扶，依托沪滇帮扶合作的省级领导互访制度和省际协作联席会议制度，做出对口帮扶的思路、原则、主要任务、重点内容及保障措施等一系列的重要决策，同时配合国民经济和社会发展规划、扶贫开发规划及年度实施计划等，按照"省做统筹、州负总责、县抓落实"的原则，形成对口帮扶的目标任务。建立和完善对口帮扶工作目标责任制。组织落实、责任分解是贯彻决策部署、做好对口帮扶的重要支撑。根据对口帮扶的行政级别、内容及部门归属，进一步审定计划、落实项目、分解任务，以"三区三县"结对帮扶为平台，明确各级政府和各个部门的责任，抓紧沪迪对口帮扶部门的衔接，加强信息的沟通，以签订工作责任制的方式，抓好迪庆藏区州与县、县与乡、县与各个部门、乡与村的层层落实，保障帮扶项目及时落地、及时开工。同时，建立项目管理机制，由上海合作交流办制定了对口帮扶项目的管理办法。一方面，调整充实了扶贫开发领导小组，由主要领导担任领导小组组长，实行扶贫开发党政一把手负责制。县级层面成立了由常务副县长为组长，县扶贫办主任为副组长的扶贫开发工作领导小组，同时各乡镇也相应成立了由党政一把手牵头的工作机制，各项目点至少由一名副科级人员挂帅，真正使对口帮扶工作成为一把手工程。另一方面，实行对口帮扶工作目标责任考核制。把扶贫工作纳入年度目标考核的主要内容，把扶贫开发工作落实到单位，把扶贫开发工作纳入县、乡镇年度扶贫目标责任考核之中。

（六）各计其功，整合推进

以整村推进、整乡推进为方式的扶贫开发涉及扶贫、财政、发改、国土、民宗、农牧、交通等多个职能部门，且对口帮扶资金也只是整村、整乡推进资金的一部分。加强资金整合和部门整合是保证项目实施和质量的关键。在整合推进中，迪庆藏区形成了以村为单元、以县领导为指挥长、以工程进度为要求、部门整合、各计其功的整合推进机制。

整合资金，提高资金使用效率。本着"规划在先、统筹安排、各司其职、各负其责、渠道不乱、用途不变、相互配套、形成合力"的资源整合使用原则，有效整合各种资源，通过建立领导和单位挂钩帮扶责任制、部门帮扶工作机制、企业挂钩帮扶联系制、挂职扶贫干部驻村帮扶责任制等形式，充分发挥政府引导和支持扶贫企业及其他扶贫组织成为扶贫组织资源的作用，在政策允许的范围内，积极为帮扶村投资，解决影响重点村群众生产生活的突出问题。将省补助投入、对口帮扶资金、部门整合资金、机关挂钩扶贫、易地扶贫开发、水利资金、发展和改革资金、农业发展资金、交通补助资金、林业资金等各类扶持资金集中到整村推进项目中使用，建立了财政资金引导各类社会资本包括金融资本、工商资本、民间资本等投向对口帮扶的机制。

（七）产业扶持，放大效应

在引导贫困地区农户发展产业项目时，既保证短期收益，又兼顾长远效益；既发展传统产业，又要因地制宜发展新型产业，沪迪对口帮扶中实施了长远重点发展以核桃为主的干果产业，中期重点发展以野猪、生猪、黄山羊等为主的畜牧产业，近期重点发展以药材种植为主的种植业，确保了农户收入的稳定性。

采用循环扶贫模式来扶持农户发展种养业，放大资金的扶贫效应。在扶持农户产业发展的过程中，采取"先重点扶持积极性高、有技能、有条件的农户，然后按年按比例回收产业资金，继续扶持其他农户，实现产业资金滚动使用"的产业发展模式。以维西县康普乡为例，乡政府与村"两委"签订责任状，村"两委"再与农户签订协议，保障项目责任到人，同时，由乡政府统一采购黄山羊种羊投放给当地养羊户，三年后，养羊户按协议分批次归还种羊或购买种羊的资金，并向村里提交收益的30%作为村集体资金，政府又将种羊投放给其他养羊户，如此形成"以羊还羊"的滚动式产业发展模式。

第 五 章

对口支援背景下藏区提升能力的问卷调研统计与回归分析

为剖析藏区借外力，提内力的效果，通过对西藏、云南 5 个调研州、地、市共 10 个调研县、11 个乡镇、352 户的农牧民问卷调研，建立数据库，采用统计软件 SPSS 17.0 并建立回归模型，对发达地区对口援藏背景下云南等藏区自我发展能力提升情况进行回归分析。

一　数据资料收集

（一）基本数据

课题组实际对 5 个地、州、市（昌都地区未开展问卷调研）、10 个县、11 个乡镇开展了农牧民问卷调研，实际发放问卷数为 416 份，但回收的问卷数 388 份，回收率为 93.3%，通过录入统计发现，实际有效问卷为 352 份，有效问卷占回收问卷总数的 90.7%（详见表 5－1）。可见，与在内地农户问卷调研的高回收率、高有效问卷率相比，由于民族语言等障碍因素，在藏区开展问卷调研有一定难度。

表 5－1　　　　　调研藏区县农牧民问卷基本情况

地区	县	发放数	回收情况		有效问卷情况	
			回收份数	回收率（%）	有效份数	有效问卷率（%）
拉萨市	堆龙德庆县	43	39	90.7	34	87.2
	曲水县	41	39	95.1	35	89.7
日喀则市	南木林县	39	35	89.7	31	88.6
	白朗县	37	36	97.3	29	80.6
	江孜县	40	37	92.5	34	91.9
山南地区	贡嘎县	39	35	89.7	33	94.3
那曲地区	那曲县	41	38	92.7	35	92.1

续表

地区	县	发放数	回收情况		有效问卷情况	
			回收份数	回收率（％）	有效份数	有效问卷率（％）
迪庆州	香格里拉县	40	39	97.5	37	94.9
	德钦县	45	41	91.1	39	95.1
	维西县	51	49	96.1	45	91.8
合　计		416	388	93.3	352	90.7

资料来源：《发达地区对口援藏与云南藏区提升自我发展能力研究》问卷数据库。

（二）数据处理

首先，课题组收集了发达地区2004—2012年对调研藏区的对口援藏资金投入数据。其次，收集了调研藏区2004—2012年的农牧业产值、人均粮食产量、农牧民人均纯收入、贫困发生率、耕地有效灌溉面积、通车里程、农牧区用电量等数据。再次，课题组以统计软件SPSS 17.0为分析工具，采用一元回归方程对对口援藏投入与相关调研藏区农牧业产值、人均粮食产量、农牧民人均纯收入、贫困发生率、耕地有效灌溉面积、通车里程、农牧区用电量等数据的关系进行回归分析。

（三）回归分析模型构建

本书采用一元回归方程的投入与产出的关系进行研究，变量之间的回归模型可用下式表达：

$$y_i = \beta_0 + \beta_1 x_i + u_i$$

式中，y 是因变量（农牧业产值、农牧民人均粮食产量、农牧民人均纯收入、贫困发生率、耕地有效灌溉面积、通车里程、农牧区用电量），自变量 x 表示投资（人均对口援藏项目到位资金）。

（四）回归分析结果

通过运用SPSS 17.0软件，分别对自变量与七个因变量进行一元回归分析（详见表5–2）。

从表5–2可以看出，发达地区对口援藏项目投入对七个变量指标影响显著的依次是农牧民人均纯收入、农牧业产值、通车里程、贫困发生率，其余农牧民人均粮食产量、耕地有效灌溉面积和农牧区用电量三个指标影响不够显著。其中，农牧民人均纯收入的显著性最高（$R^2 = 0.806$）；农牧业产值的显著性名列其次（$R^2 = 0.769$）；通车里程的显著性名列第三位（$R^2 = 0.701$）；再者，贫困发生率（$R^2 = 0.638$）。另外，援藏项目投入对贫困发生率是负相关（系数 $\beta_1 = -0.047$）。回归结果显示，通过对口援藏等工作，调研藏区县农牧民收入增长最为显著，而对调研藏区县农牧业总产值增长也十分显著，对藏区的基础设施（通车里程）改善也较为显著。随着农牧民人均纯收入的不断增长，调研的 5 个州、地、市和 10 个县的贫困发生率在 2004—2012 年呈逐年下降趋势，从回归模型也可以看出，该指标是显著性影响第四的指标。

表 5 - 2　　　　　　　　　调研藏区经济社会指标回归结果

变量	R^2	常数 β_0	系数 β_1	D - W
农牧业产值	0.769	1618524.912	1856.487	2.362
农牧民人均纯收入	0.806	775.026	4.826	1.953
通车里程	0.701	1047.521	5.652	2.085
贫困发生率	0.638	38.254	- 0.047	1.986
农牧民人均粮食产量	0.064	299.693	0.037	1.124
耕地有效灌溉面积	0.302	759.543	0.044	2.137
农牧区用电量	0.299	10011.252	38.216	1.894

二　农牧民问卷统计分析

本书主要对西藏、云南两省（区）5 个地（州、市）共 10 个调研县、11 个乡镇、352 户农牧民问卷数据库整理，选择农牧民受教育程度、人均有粮、家庭人均收入、就业渠道、收入来源渠道等几个关键性指标，分析藏区农牧民借发达地区对口援藏的外力推动下，通过内源式发展与提升自我发展能力，致力于改善其生产生活条件。

（一）受教育程度有所提升

通过发达地区对口援藏地区接受问卷调研的农牧民 2004 年、2012 年受教育程度对比分析发现，在对口援藏背景下，样本农牧民受教育程度有了显著提升，文盲半文盲率显著下降，接受初高中和大中专教育的比率有所提升（详见表 5 - 3）。

表 5 - 3　　　　　调研农牧民受教育程度变化情况　　　　　（单位:%）

年份	文盲半文盲	小学	初中	高中	大中专
2004	21.5	42.3	31.2	3.9	1.1
2012	12.8	43.0	35.5	5.8	2.9

资料来源：根据《发达地区对口援藏与云南藏区提升自我发展能力研究》问卷数据库分析得出的统计数据。

（二）人均粮食产量增加

随着对口支援力度加大，科技支撑作用加强，藏区农牧业生产效率逐步提高，农牧业和粮食生产水平提升。根据对农牧民问卷调研显示，2004 年，调研藏区 16.9% 的农牧民人均有粮在 150 公斤以下，37.5% 的农牧民人均有粮在 150—300 公斤，300 公斤及以上的占 45.6%。通过多年的农业对口帮扶及科技支撑等，到 2012 年调研农牧民人均有粮不足 150 公斤的仅占 5.5%，人均有粮在 300 公斤以上的占 84.1%（详见表 5 - 4）。

表 5 - 4　　　　　　　调研农牧民人均粮食占有变化情况　　　　　（单位：%）

年份	150 公斤以下	150—300 公斤	300—400 公斤	400 公斤以上
2004	16.9	37.5	40.9	4.7
2012	5.5	10.4	59.7	24.4

资料来源：根据《发达地区对口援藏与云南藏区提升自我发展能力研究》问卷数据库分析得出的统计数据。

（三）农牧民家庭收入提高

调研样本农牧民家庭人均年收入 1000 元以下的农户由 2004 年占调研样本户总数的 13.6% 下降到 2012 年的 3.3%，家庭人均年收入 1001—2300 元以下的由 2004 年 27.2% 下降到 2012 年的 19.8%，家庭人均年收入 2301—5000 元以下的由 2004 年 31.3% 上升到 2012 年的 34.2%，家庭人均年收入 5001—7000 元以下的由 2004 年 20.7% 略上升到 2012 年的 21.1%，家庭人均年收入 7001—10000 元以下的由 2004 年 4.5% 上升到 2012 年的 11.4%，家庭人均年收入 10001 元以上的由 2004 年 2.7% 上升到 2012 年的 10.2%（详见表 5 - 5、图 5 - 1）。由样本农牧民收入增长变化可见，藏区在对口援藏外部推动下，自我发展能力得以提升。

表 5 - 5　　　　　　　调研农牧民家庭人均收入变化情况　　　　　（单位：%）

年份	1000 元以下	1001—2300 元	2301—5000 元	5001—7000 元	7001—10000 元	10001 元以上
2004	13.6	27.2	31.3	20.7	4.5	2.7
2012	3.3	19.8	34.2	21.1	11.4	10.2

资料来源：根据《发达地区对口援藏与云南藏区提升自我发展能力研究》问卷数据库分析得出的统计数据。

（四）收入来源渠道多元化

根据调研样本农牧民对主要收入来源的单选结果显示，有 51.8% 样本户反映 2004 年家庭收入主要来源于种养殖业收入，2012 年则降为 41.9%；

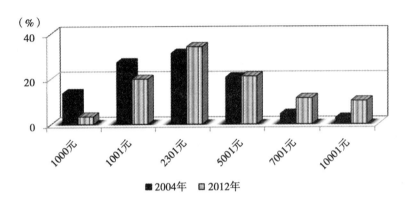

图5-1　调研样本农牧民家庭人均收入变化情况

10.4%样本户反映2004年的家庭收入来源于农畜产品加工业，2012年则上升至11.1%；6.5%样本户反映2004年的家庭收入来源乡村旅游业，2012年则上升到8.3%；10.3%样本户反映2004年的家庭收入来源于外出务工，到2012年则上升至14.7%。由此可见，调研样本农牧民家庭收入来源渠道发生了显著变化（详见表5-6、图5-2）。

表5-6　　　　调研样本农牧民家庭收入主要来源渠道变化情况　　　　（单位：%）

收入来源渠道	种养殖业	农畜产品加工	乡村旅游	外出务工	土地流转（含林地）	做生意	跑运输	政策补贴收入	其他收入
2004年	51.8	10.4	6.5	10.3	1.2	4.0	4.1	6.2	5.5
2012年	41.9	11.1	8.3	14.7	3.4	4.7	5.3	8.3	2.3

资料来源：根据《发达地区对口援藏与云南藏区提升自我发展能力研究》问卷数据库分析得出的统计数据。

（五）调研农牧民需求反映出提升自我发展能力的愿望强烈

根据对样本农牧民的主要发展需求单项选择调研结果看，20.7%农牧民反映贷款难，生产生活条件的改善需要信贷资金扶持；15.5%的样本农牧民希望对交通路况进行改善，改变"晴通雨阻"的现状；15.4%的农牧民在调研中反馈需要改变子女上学难的状况；13.9%的样本农牧民希望进一步改善人畜饮水困难的现状，加强对沟渠整治力度；10.1%的农牧民希望在发展农牧业生产过程中，给予籽种、农药、化肥、薄膜等生产资料的扶持；10.8%的农牧民希望在特色产业培植扶持上给予切实帮助；另有9.3%接受调研的农牧民反映需要对就医条件进一步改善，其他需求的则有4.3%（详见表5-7）。可见，受援藏区农牧民对进一步改善生产生活条件、提升自我

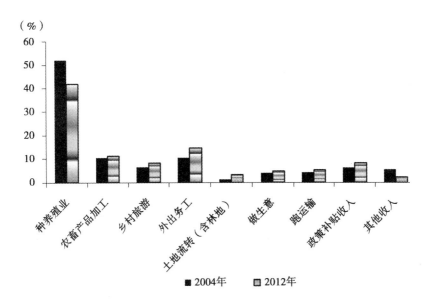

图 5-2 调研样本农牧民家庭收入来源渠道变化情况

发展能力的需求仍较为强烈，藏区内生性发展动力仍十分强劲。

表 5-7　　　　　　样本农牧民发展需求调研情况　　　　　（单位：户、%）

样本户需求	样本农户数	比例
信贷资金需求	73	20.7
改善交通路况需求	55	15.5
方便子女上学的需求	54	15.4
人畜饮水及沟渠治理的需求	49	13.9
农牧业生产资料扶持的需求	36	10.1
产业培植的需求	38	10.8
就医条件改善的需求	33	9.3
其他需求	15	4.3
合计	352	100

资料来源：根据《发达地区对口援藏与云南藏区提升自我发展能力研究》问卷数据库分析得出的统计数据。

三　结论

通过典型地区调研及数据回归与统计分析发现，在发达地区对口援藏过程中，藏区通过借助外力、提升内力、促进合力，自我发展能力得到了显著提升；发达地区对口援藏对我国藏区经济社会发展起到积极促进作用，农牧区的交通、水利、电力等基础设施不断完善，经济社会发展基础不断夯实；农牧业特色产业不断发展壮大，农牧业总产值不断增长；农牧民就业增收渠道不断拓宽，农牧民收入不断提高，藏区贫困发生率不断下降；农牧民的生产生活条件也得到极大改善；通过对口援藏，农牧民发展观念已发生根本转变，农牧民教育素质不断提升，尤其是对受援藏区提升自我发展能力，走内源式发展道路起到了积极推动作用。藏区"造血功能"不断增强，藏区与全国同步全面建成小康社会的步伐不断加快。

第 六 章

发达地区对口援藏与云南藏区提升自我发展能力面临的问题及困难

对口援藏过程中双方对援藏与合作的内涵、外延和示范引领认识不足，认识上的"割裂"，导致对口帮扶与区域合作"跛脚前行；"体制不顺，协作机制不完善；对口援藏与藏区发展能力提升过程中"单相思""帮扶疲劳症""贫血症""败血症"这"四症"突出，影响藏区自我发展能力提升；重基础建设，轻产业扶持，输血造血功能失衡；项目缺乏配套性，部分援藏资源低效利用；支医支教可持续性不足；"门槛"高，接受培训学习机会可及性低；经济联动与区域合作深度不够，投资领域偏窄；缺乏平台，社会资本参与尚未有效撬动，援藏与合作"蛋糕"偏小。这些问题和困难，需引起党中央、国务院和施援的发达地区、受援的欠发达藏区各级党委政府高度重视。

一　双方对帮扶合作认识不足

从根本上来看，无论是上海等发达地区还是受援的欠发达云南藏区，双方就对口帮扶与区域合作认识、云南藏区提升自我发展能力方面都存在不足。

（一）认识上的"割裂"，导致对口帮扶与区域合作"跛脚前行"

从理论上来看，没有充分认识到对口帮扶与区域合作都是发展的重要途径，对口帮扶局限于简单的扶贫。作为被帮扶的对象没有意识到外资投入的拉动作用，更多的注意力集中在对口帮扶上，思想不够开放，不重视区域合作，尤其是州市和县一级。区域合作被认为是对口帮扶的辅助措施，没有认识到对口帮扶与区域合作是推动发展的双轮动力，在对口帮扶格局基本成形的基础上，更具广阔发展空间的区域合作没有深入挖掘。由于看不到"对口帮扶"在本质上也是"对口合作"，没有充分认识到对口帮扶与区域合作都是区域开放合作的重要途径，对口帮扶局限于扶贫开发，合作力度不足；

区域合作在实践中"单向"合作多,而区域互动不足,对口帮扶与区域合作也尚未形成合力机制。目前,对口帮扶的基本格局已经形成,机制也相对成熟,但是更具广阔发展空间的区域合作没有实质性的进展,区域合作"短板"现象突出。

(二) 对口帮扶与区域合作政策的内涵和外延认识不足

以上海和云南为例,上海在长江经济带建设中处于"龙头"地位,是改革的最前沿;云南作为我国面向西南开放的重要桥头堡,处于长江经济带的"龙尾"地位,是沿边开放的最前沿,也是长江经济带的生态安全屏障。对口帮扶与区域合作是中央发展政策的一项重要措施,双方没有统筹地站在中央加大东西部协作、推进西部大开发的高度上,没有上升到民族团结进步、边疆稳定繁荣示范区建设以及长江经济带生态屏障建设的高度上,去深刻领会"两个大局"思想和对口帮扶与区域合作的战略地位。东部沿海地区在率先发展起来以后,本应拿出更多的力量帮助中西部的发展,不应将对口帮扶与区域合作仅仅作为一个政治任务,而应站在全国整体发展的视角来看待这项工作。目前,沪滇对口帮扶州市长期仅以文山、红河、普洱、迪庆4个州市为主战场,沪滇区域合作中仅以保山、版纳2个州市为主阵地,对口帮扶合作区域空间界定上较为狭窄。在沪滇对口帮扶上尚未紧密结合云南省4个片区连片扶贫开发、一州、一县"大会战"("怒江大会战""宁蒗大会战")等扶贫重点,导致空间广度上有局限;在沪滇区域合作中,与滇中产业聚集区、桥头堡战略及沿边开放带等区域开放型经济建设结合的深度不足,导致"龙头"与"龙尾"呼应有限,互动不足,仅仅局限于政策本身,"共赢""多赢"的局面尚未真正形成。

(三) 高位推动不力,主动性不强,动力不足

尽管发达地区援助方、欠发达的云南等藏区受援方都成立了相应的对口帮扶合作领导小组,由省(区、市)领导任组长,省级相关职能部门参与,领导小组办公室设在省扶贫办或者省发改委,主要负责对口帮扶和经济社会合作的统筹协调工作,承担领导小组办公室的日常工作。但是由于行政规格,协调省级相关职能部门难度大,合作协调机制没有建立,经济合作落到实处难。

(四) 施援的发达地区未提高认识高度,缺乏创新精神

过去在受援的欠发达云南藏区扶贫开发工作中,施援的上海等发达地区与受援的欠发达云南藏区在对口帮扶方面创新了多项扶贫模式,总结了许多扶贫经验。但是,在党的十八大以来全面深化改革的背景下,施援的发达地区在对口帮扶与区域合作的工作方式、工作模式和帮扶空间仍沿袭"惯

性"，缺乏创新，对口帮扶空间广度和区域合作深度拓展均有待加强。施援的发达地区"主导"帮扶项目的思维和做法还未转变，在对口帮扶合作过程中，由于对受援的欠发达藏区社会、历史和民族文化认识不足，部分帮扶者往往从主位来了解情况，看问题，建立信任、相互了解的渠道不畅，简单地以发达地区现实发展的视角，从客位看待对口帮扶发展中的问题和不足，导致主观性比较强，未切实给予受援的欠发达藏区更多的项目"主导权"。

二　体制不顺，协作机制不完善

（一）机构设置不完善，管理体制不顺

一方面，省级及州、市级对口支援合作领导小组工作机制尚未完善，工作落到实处难。省、州对口帮扶合作领导小组一般由省、州的党委书记任组长，省、州副书记等领导任副组长，省、州相关职能部门参与，领导小组办公室在省级层面设在省扶贫办（而西藏自治区则设在区发改委），主要负责跨省市、跨州市、跨部门的对口帮扶和经济社会合作的统筹协调工作，还承担领导小组办公室的日常工作，任务十分繁重；领导小组规格高，但办公室低配，行政级别不足，协调省、州相关职能部门的难度增大。州、地、市级层面，涉及对口帮扶的州市，则将领导小组办公室设在州、地、市扶贫办（或发改委），涉及区域合作的州、市则把领导小组办公室设置在州、地、市招商合作局，省（区）级与州、地、市级领导小组办公室之间的衔接、协调受"条条块块"的制约，跨部门协调工作量大。由于缺乏独立、专职负责的机构，造成部门沟通、协调机制不顺。另一方面，基层机构不完善。乡镇一级机构人员设置上一般有分管扶贫的副乡（镇）长，还有一位扶贫专干。部分贫困地区的乡镇扶贫专干缺乏编制，人员不稳定且工作任务重，部分贫困地区的扶贫专干与扶贫任务、扶贫资金管理的要求不相适应，项目申报、实施、管理和监测水平难以满足实际需要，扶贫专干的能力和素质有待提升。

（二）相关职能部门协作机制尚未健全，尤其是区域合作的统筹、协作机制尚未建立

对口支援与区域合作涉及各级政府部门，部门间尚未形成有机整合、无缝协作局面，尚未建立多内容、跨部门整合协作机制，领导小组各成员单位配合开展相关业务的工作自主能动性不够。成员单位缺乏有效路径被动地纳入到对口帮扶与区域合作的政策中；缺乏有效平台有机地激发各成员单位的积极性和主动性。

（三）对口帮扶与区域合作相互促进的机制尚未建立

从新阶段东西扶贫协作和全省加快发展的新要求来看，对口支援工作主要还是按照中央的有关要求，完成政府间对口支援的"规定动作"，对口支援合作还存在帮扶资金的引导性不够，对口支援项目在集中连片开发中的示范带动作用不够突出，仍存在重帮扶、轻合作的状况。部门对口合作功能发挥不够充分，企业合作投资总量偏少、规模偏小、合作领域窄，对口支援与区域合作相互没有形成并重的局面，深度区域合作还远远不足，双方互补优势和合作潜力尚未充分发挥。

（四）对口支援与政府扶贫之间协调机制不足

由于援助方与受援方之前在"条块"结合和沟通不到位，以至于"供需"双方在项目的安排上存在差异、出现重复建设等问题。各个部门的规划目标、资金到位、项目进度、实施效果等方面的差异，部门之间尚未形成有机整合、无缝协作的局面，尚未构建起多内容、跨部门的整合协作机制。

（五）监督与评估机制不完善，缺乏绩效考核和激励

对口帮扶工作的组织落实、统计和督办力度还有待进一步加强，针对学习交流、挂职培训、产业扶持的考核评估内容还有待完善。另外，对口支援项目实施效果的绩效评价和激励机制缺乏，一定程度上影响对口支援工作的积极性。

三 "四症"突出，影响云南等藏区的自我发展能力提升

（一）"单相思"现象存在

由于对对口援藏与区域合作认识不足，援助方与受援方之间在"条块"结合和沟通不到位，双方包括帮扶主体对对口帮扶有不同的目标和期望，双方在对口帮扶中没有完全达成共识。并且对这项政策有不同的解读，以至于"供需"双方在项目安排上存在差异、出现重复建设等问题，帮扶对象与帮扶主体脱节，帮扶重点不突出。

（二）"帮扶疲劳症"产生

由于政府主导型帮扶机制单一，难以适应多样性的贫困需求，对口帮扶缺乏创新扶贫模式，缺乏可持续发展的动力，"帮扶疲劳症"现象突出。部分对口帮扶项目完全来自援助方的意愿，脱离受援藏区实际和贫困户需求，缺乏适应性。有的项目过度整合扶贫资源，缺乏可复制性和持久性，一定程度上影响对口帮扶的效率，而且对于扶贫主体存在欠债过大的隐患。

（三）"贫血症"现象突出

一方面，政府主导型的对口帮扶合作机制下贫困主体自我需要和自主发展的能力被忽略，阻碍外在帮扶力量的内在动力化，被帮扶者自我脱贫动力和自主发展能力的不足。另一方面，帮扶合作以基础设施项目建设作为首选，产业扶持资金占比小且后续投入尤为不足，导致产业扶持效果大打折扣，对扶贫开发支撑不力。部分受援区产生了对对口帮扶"等、靠、要"的依赖现象，"贫血现象"突出。

（四）"败血症"需引起重视

首先，重项目申报，轻项目前期调研。由于部分乡镇对项目前期工作重视不够，简单规划，对项目规划缺乏深入细致的调查，导致项目实施后，不能严格按照规划实施，中途申请变更，既影响进度，又影响实施效果。其次，项目规划缺乏前瞻性，投入散，容易造成重复投资、资源低效使用。如实施集中办学前，推进新农村建设的时候建设了崭新的小学，尚未投入使用，实施集中办学后校舍闲置，造成了前期投入资金的极大浪费。最后，对口帮扶中出现了"重建设、轻管理"，缺乏项目的后续监管。在项目扶贫实施之前，争着找项目，项目实施以后就很少关注后续管理和使用。有的缺乏对项目实施的认同感，有的没有相应的维护管理经费，或者缺乏相应的管理平台。没有形成村级相应的发展项目管理组织，缺乏针对项目实施以后的后续管理工作，没有相关人员进行解决和处理。

四　社会事业发展的配套性、持续性、可及性不足

在对口援藏工作中，紧紧围绕基础设施建设，着眼于道路、能源、水利、生态等环节的建设，重视基础设施建设等硬件方面的改造和开发，对教育、医疗等社会事业的发展重视不足，尤其是在教育和卫生的硬件建成后没有关注贫困农户对于教育与医疗等社会服务的可及性和设施的有效利用。

（一）部分项目规划建设缺乏配套性，造成资源低效使用

例如，援建的中小学缺乏配套软硬件设施，有实验室无设备器材、图书馆"有馆无书"、体育馆"有馆无配套"等现象突出，"有了体育馆，没有设施，有了设施，没有图书，几年过去了，还是不能投入使用"。造成投入建设的实验室、图书馆等场馆被闲置，帮扶项目形成的资产低效利用。

（二）支教支医的可持续性不足

2013年以来，受各种因素影响，上海暂停了云南藏区等地的支教、支医工作，而州市基层干部群众对支教、支医需求仍十分强烈，对恢复支医、

支教呼声较高。

（三）培训"门槛"高、可及性不足且适用性不强

以医疗帮扶合作为例，州县医院很难吸纳医科大学毕业生，只能对现有人才进行培训，但到发达地区培训要求副高以上的医技人员才能参加，导致绝大部分藏区基层医疗技术人员无法到对口发达地区进行学习。即使参加了学习培训，由于培训时间短，收效不大，从对口发达地区学习来的知识和管理方法，回到原单位没有办法运用，受到整个社会大环境的制约，出现了"学得会，用不了"的情况。培训的时间短，针对性不强，适用性不够，存在"培训激动，回来不动"的现象，培训效益不明显。远程医疗辅助诊断设施的不足和学习培训门槛高成为影响医疗帮扶合作效果的两大"硬伤"。

（四）帮扶地区医疗资源可及性不足

由于自然环境恶劣，各种气候不利于人的健康，地方性疾病多发，加上经济收入匮乏，"小病不医，大病医不起"，"因病致贫、因残致贫、因病返贫"的现象依然普遍。缺医少药，人才短缺制约着云南藏区群众的健康医疗，直接影响了群众的发展。

五　经济联动与区域合作深度不足

对口支援合作地区普遍存在重帮扶、轻合作的现象，经济合作深度、广度不够，施援与受援地区之间的经济合作平台功能发挥不足，对口合作功能作用不显著。

（一）施援的发达地区企业在与受援的欠发达藏区投资总量较少、规模不大、比重偏低的状况依然没有改变

以云南为例，例如 2013 年上海企业在滇投资占全省省外到位资金总量的 2.66%，列省外在滇投资的第 10 位，与对口帮扶工作相比，沪滇经济合作明显滞后。

（二）推动经济合作缺乏创新思路、前瞻性不足

在推动双方经济合作方面，还存在方法不够灵活，形式不够新颖，有效措施不多以及思路上前瞻性不足等问题。招商引资工作还停留在办好大型推介洽谈会的层面，有时甚至追求规模和轰动效应。

（三）对州市合作项目落地和进展不能全面掌握，对发展规划及投资动向把握不准

在合作项目落地和进展方面，深入州市有针对性的调查研究不足，对州市合作项目进展中的把关指导不够，还不能较全面掌握项目的总体推进情

况，无法及时解决遇到的问题和困难。对援助方、受援方的经济发展趋势研究学习不够，去施援的发达地区开展招商合作活动的针对性有待加强。区域经济合作投资领域偏窄，双方互补优势和合作潜力尚未充分发挥。

六　缺乏平台，社会民间力量未有效撬动

作为社会资本，民间力量在参与对口帮扶与区域合作过程中越来越发挥着不可替代的作用，例如，一定程度上弥补政府扶贫财力的不足、政府推动的不足，帮扶力量来源广泛，方式多样。对于受援的云南等藏区贫困人口主要分布在深山区、石山区、高寒山区、边远地区和少数民族聚居区的特点，民族习俗、经济社会发育程度、自然生态环境等方面的致贫原因较为复杂，政府大规模扶贫开发成本过高，而这正是社会民间力量帮扶大有作为的地方。作为政府推动力的重要补充，社会民间力量可自觉地承担起社会责任，坚守"利他主义"价值观，在对口帮扶合作中，关注特定贫困群体特有的需求，效率高、敏感性强、富有创新激情，但缺乏强大的资源动员能力和公共服务的供给能力。由于缺乏中间联络平台，社会民间力量尚未被有效撬动起来并纳入到对口援藏与区域合作之中，更多广大的社会帮扶力量尚未整合进来，被排斥在外，社会合作挖潜不力。

（一）缺乏平台，社会参与不足

对口援藏与区域合作中，尚未有效发挥联合会、协会等民间组织以及民主党派、社团、工商联的桥梁纽带作用，尚未充分挖掘施援的发达地区深厚的"知青情结"和现有的人文、人脉社会资源作用，这个空间非常大，但是没有注意到这个层面工作的重要性，没有做好搭建桥梁纽带的基础工作，尚未筹建对口援藏与区域合作促进会；缺乏在教育、卫生、人才培养等领域的协调、联络和组织机构。

（二）乡镇及街道办事处结对帮扶合作效果好，但缺乏顶层设计

施援的上海等发达地区与受援的欠发达云南藏区基层乡镇及街道办事处已掀开了结对帮扶合作的序幕，在区县合作框架下，已有部分乡镇或办事处结成对口帮扶合作友好乡镇，不仅相互往来，还积极参与对口帮扶合作工作，成效比较明显。但是高层缺乏统领和强化沟通，乡镇及街道办事处结对帮扶合作的参与机制和平台尚未真正建立。

（三）部门间的资源和力量挖潜不力

施援的上海等发达地区与受援的欠发达云南藏区在教育、卫生等部门之间对口援助已经建立了部门合作的一些机制，但是其他党政职能部门合作交

流机会少，缺乏部门合作联动机制，无法发挥各自优势。

七　产业扶持资金不足，投资领域狭窄

（一）重基础设施建设，轻产业扶持

整村推进是目前对口帮扶工作的重中之重，具体包含六大建设内容，第一项就是"改善群众生产生活条件的基础设施建设"。虽然也对产业化提出了具体意见，但具体落实起来，基层政府都会把整村推进中的基础设施建设作为首选。由于以改善群众生产生活条件为目的的基础设施建设，是目前重点扶贫村在发展过程中迫切需要解决的问题，也是新农村建设的重要内容，因此在实际工作中，这些村庄对于基础设施建设要求尤为迫切，扶贫资金被用于修路、修渠等也成为不二之选，相比较而言对于发展产业的积极性不高。尽管编制项目规划时，每年扶贫部门都要把发展一定的产业项目作为硬性规定，但是由于扶贫资金的有限性，投入产业项目的资金依然是"杯水车薪"。

（二）投资领域比较狭窄

市场经济主导的对口援助与区域经济合作过程中，由于受土地、环保以及人才等要素制约，产业开发水平低，基础差，受援的欠发达藏区难以同施援的发达地区开展产业合作。合作的产业以房地产业居多，工业、金融服务业等其他产业合作较少；开发的产品品牌特色不明显，价格高，生产规模小，无法持续供货，缺乏竞争优势；投资领域比较狭窄，导致招商引资的项目不多，成功的更少。受援的云南藏区与施援的上海等发达地区间合作的互补优势尚未充分发挥出来，以市场为导向，以产业为主线，以资产为纽带的区域经济合作格局尚在建设之中。

第七章

发达地区对口援藏与云南藏区提升自我发展能力面临的机遇和挑战

我国已进入全面建成小康社会的关键时期，国家"一带一路"战略、长江经济带战略及新一轮西部大开发政策、新时期精准扶贫精准脱贫等政策机遇，为发达地区对口援藏与云南藏区提升自我发展能力提供了诸多机遇。同时，也面临许多挑战，农村贫困呈现新特征，对口援藏与藏区提升自我发展能力碰上"硬骨头"，对口援藏成本逐年提升，资源环境约束更加明显，产业发展受到诸多制约。

一 面临的机遇

当前是我国全面建设小康社会的关键时期，也是我国发展的重要战略机遇期。新阶段国家"一带一路"战略、长江经济带战略以及国家扶贫开发部署的提出，为发达地区对口援藏与云南藏区提升自我发展能力提供了难得的历史机遇，也给区域合作带来了新的动力和契机。

（一）国家"一带一路"战略机遇

2013 年 11 月，党的十八届三中全会提出"推进丝绸之路经济带、海上丝绸之路建设，形成全方位开放新格局"。"一带一路"战略构想，是国家的大战略，不仅是经济发展的大战略，而且是推进合作发展、保护国家安全的大战略，意义十分重大。

"一带一路"战略构想为云南藏区提升自我发展能力注入了新的活力。建设"一带一路"的实质就是向西开放，向西开放的两个重要支点是新疆和云南，重要指向是东南亚、南亚、中亚地区。"一带一路"战略构想为我国更科学、更理性、更有成效地经略周边东南亚、南亚、中亚地区，经略太平洋、印度洋地区，规划了蓝图，指明了方向，同时也为地处西南边疆的云南藏区更好地发挥从陆路通往印度洋的作用，加快推进建设中国面向南亚东南亚辐射中心，注入了新的活力。依据国际大通道建设的历史经验、相对完善的交通基础设施以及独特的区位优势，我国藏区在"一带一路"建设中完全可以肩负起"重要陆路通道"的角色和作用。"一带一路"战略构想的提出，为藏区发掘区位优势、提升对外开放水平带来了前所未有的机遇。而中国与东南亚、南亚的区域合作的进一步加强，也将进一步加强云南藏区的地缘优势，为发达地区对口援藏与区域合作带来更大的外部市场空间。

（二）长江经济带战略机遇

建设长江经济带，是构建沿海与中西部相互支撑、良性互动的国家区域性战略新举措。随着长江经济带战略上升到国家战略层面，作为改革最前沿的上海和沿边开放最前沿的云南，从长江经济带的"龙头""龙尾"响应和协作上，在深入贯彻落实国家东西协作、服从"两个大局"政策上，已在上海援助云南迪庆藏区的帮扶合作领域方面进行了卓有成效的探索和实践，取得了丰硕成果。沪迪对口帮扶合作已成为东西部协作一大品牌，也是对国家长江经济带战略的先行先试。帮扶合作领域不断拓展和深化，双方从帮扶合作中实现了互利共赢，受援地区发展后劲不断增强，沪迪对口帮扶合作有力促进了云南藏区经济社会发展、民族团结进步和边疆繁荣稳定。深化沪迪对口帮扶，加强区域合作，是双方积极主动服务和融入国家"一带一路"战略、长江经济带战略的内在要求和具体体现。长江经济带战略背景下，发达地区对口援藏与云南藏区提升自我发展能力将面临前所未有的战略机遇，对口支援与区域经济社会合作的范围更加广阔，政策和基础设施更加完善，将为藏区提升自我发展能力拓展更加广阔的领域和空间，尤其是在长江经济带生态安全屏障建设领域和空间应进一步拓展。施援的上海等发达地区及受援的欠发达云南藏区应更加积极主动深入地融入和服务国家"一带一路"、长江经济带战略，深化对口帮扶与区域经济合作的领域、空间、机制。

（三）新时期扶贫开发的政策机遇

2011 年 11 月，中央召开扶贫开发会议明确提出，到 2020 年实现扶贫对象不愁吃、不愁穿，保障其义务教育、基本医疗和住房。贫困地区农民人均纯收入增长幅度高于全国平均水平，基本公共服务主要领域指标接近全国平均水平，扭转发展差距扩大趋势，坚持开发式扶贫方针，提高扶贫标准。新纲要提出将实施连片特殊困难地区片区扶贫攻坚，并将我国藏区列为重点扶持地区。同时国家明确要求上海等东中部发达地区加强对口支援，对西藏、云南、四川、青海、甘肃等西部地区基础设施建设、特色优势产业发展、生态环境保护、民生改善等切实给予支持，努力形成区域间良性互动、共同发展的新局面。

二　面临的挑战

发达地区对口援藏与云南藏区提升自我发展能力面临诸多挑战，帮扶区域狭窄，精准扶贫不足；施援的上海等发达地区对口支援工作未与受援的欠发达云南藏区扶贫开发、全面建成小康社会工作充分衔接，示范引领性不足。同时，帮扶合作碰上"硬骨头"，对口帮扶成本逐年增加，资源环境约束更加明显，对口支援与区域帮扶合作面临诸多制约。

（一）农村贫困呈现新特征，对口援藏与藏区提升自我发展能力碰上"硬骨头"

近年来，在发达地区对口援藏的外力帮扶和云南藏区提升自我发展能力的内力驱动下，以及通过整合力量，形成合力的机制下，云南藏区经济社会发展取得了显著成效，然而，制约云南藏区发展的深层次矛盾依然存在，云南藏区农牧民贫困人口数量依然庞大，贫困程度深，致贫因素复杂、返贫压力增大的矛盾更加突出，扶贫开发任务仍然十分艰巨。云南迪庆藏区经过20多年的扶贫开发和近10年的沪迪对口支援，迪庆藏区普遍贫困问题已基本解决，随着国家提高贫困标准至2300元，2013年迪庆州农村贫困人口多达14.06万人，贫困发生率高达44.66%；到2014年全州农村贫困人口仍有11.58万人，贫困发生率仍高达36.38%，远高于同期全国、全省平均水平，约高出全国同期28个百分点，高于全省同期贫困发生率的20个百分点；而且现有的贫困人群多集中在海拔3000米以上的生态脆弱区，集中在生存环境差、居住更加分散、构成更加复杂、社会发展程度更加落后的山区，脱贫致富手段不多，贫困人群呈现"多集中、少分散"的新特征。加之，迪庆藏区农牧民生活习惯而导致的恩格尔系数长期偏高，全州扶贫攻坚碰上难啃的"硬骨头"，脱贫减贫任务艰巨。

（二）对口援藏成本逐年增加，工作经费紧张

一方面，对口援藏成本逐年提升，对口支援难度逐年加大。随着对口援藏工作向边远地区不断延伸，由于这些地区自然交通条件、人口素质等相对较差，项目区通路、通电、通水、教育、卫生等基础设施项目建设难度加大，援建项目的成本一直远高于其他地区。加之地处边远，项目建设物资、农业生产物资以及农副产品等物资运输困难，出现了大量的二次搬运，建设成本不断加大。同时，由于农牧区劳动力不断向外转移，群众投工投劳不足现象日趋凸显，投入需求矛盾较为突出。近年来，随着钢筋、水泥、木材等主要原材料价格的上涨，以及农牧区用工价格提升和油价上涨提升交通成

本，对口援藏开发建设项目成本逐年提升，而云南藏区提升自我发展能力投入的需求却不断增大。此外，集中办学、生态移民等新情况的出现，更是加重了新时期云南藏区发展的投入压力。可见，发达地区对口援藏成本逐年提升，帮扶群众改善生产生活条件、增加收入和脱贫难度加大。

另一方面，对口帮扶业务量大，但缺乏工作经费支撑。调研过程中，州、县及基层扶贫部门反映对口帮扶工作量大、任务重，对工作经费配套的问题和困难反映较为突出。然而，对口帮扶地区财力有限，无力配套工作经费。由于对口帮扶地区都是贫困地区，地方财力十分困难，都是依靠上级财政补贴和转移支付，州、县两级无法安排专项工作经费。然而，在对口帮扶项目的实施过程中，一些费用如图纸设计费、监理费、地勘费、审计费、人员差旅费等项目工作经费，按照资金管理办法都是不能从项目经费中支取的，但在项目操作中，这些费用又是实际产生的。对口帮扶中出现"又要马儿跑，又不给马吃草"的现象，一定程度上影响了实施项目的积极性和项目实施的效果。

（三）资源环境约束更加明显，对口援藏与云南藏区提升自我发展能力面临制约

云南藏区多地处高海拔地区，地质切割复杂，地形起伏变化巨大。同时，在过度利用与开发的条件下，生态恶化极易发生，且恢复重建的难度很大，对云南藏区社会经济发展形成了强大制约。以云南省为例，全省3914万平方公里土地面积中，山地、高原、丘陵约占全省面积的94%，坡度大于15度的土地面积占76.69%，大于25度的陡坡地面积占39.28%，大于等于35度极陡坡地面积占10.53%。耕地中处于坡度25度以上的高达40%。云南省的气候特点是干湿季明显，80%—90%的降雨量集中在雨季（6—10月）。这样的土地和气候特点在不合理的土地资源利用条件下，往往导致大范围且不可逆转的生态破坏。这一点在云南省部分连片贫困地区表现得尤为明显，在沪滇对口帮扶的4州市表现得也较为突出。同时，由于藏区社会发育程度较低，生态破坏和资源短缺的出现并没有伴随着经济发展得以改善，反而藏区的生态破坏和环境恶化问题直接影响了当地产业的可持续发展，对农业基础设施建设的需求也越来越大，为藏区经济社会发展带来了较大的困难。而藏区本身土地资源以山地为主，坝区和缓坡地面积有限，虽然生物资源优势明显，但难以形成生物产业规模发展，同时部分州市土地资源稀缺，也对承接外来产业转移带来了较大限制。

（四）云南藏区提升自我发展能力过程中的产业发展受到诸多制约

云南藏区地处高原地带、地广人稀、工业薄弱、城镇化水平低，又多处

于生态关键区域，资源利用和产业开发受到制约。加之，藏区多处于我国交通网络的末梢，运输物流也成为制约因素，产业发展物流成本较高。例如云南藏区松茸等生物资源十分富集，产量最多，品质好，但是由于物流成本高、市场容量小等因素，难以在该地区进行深加工，产业链无法形成，只能成为原料输出地，主要流向昆明、成都等地，资源优势无法发挥出来。同时，云南藏区雪灾、低温霜冻等自然灾害频发，以及市场、行业风险，都对云南藏区的产业发展产生很大影响，云南藏区在提升自我发展能力过程中受产业化水平低、辐射半径小等制约因素的影响较大。

第 八 章

发达地区对口援藏与提升云南藏区自我发展能力的总体思路

新时期发达地区与云南藏区要贯彻落实中央第六次西藏工作座谈会精神，以"四个全面"为引领，按照"完善一大机制、搭建两大平台、打通三大通道、突出四大重点"总体思路，推进精准援藏，促进发达地区对口援藏向经济社会全方位互动协作转变。坚持政府引导、市场运作，扩大范围、多元发展，整合资源、增加投入，立足当地、注重实效等原则，通过发达地区对口援藏与云南藏区提升自我发展能力"双管齐下"、外部扶持与提升内生发展能力"双轮驱动"、区域合作对内对外"双开放"，推动云南藏区经济与社会发展"双跨越"。

一　总体思路

施援的发达地区及云南等藏区主动服务和融入国家"一带一路"、长江经济带战略，贯彻落实中央第六次西藏工作座谈会精神，抢抓新时期精准扶贫精准脱贫政策机遇，坚持"四个全面"战略布局，坚持党的治藏方略，坚持"四个坚定不移"，坚持"依法治藏、富民兴藏、长期建藏、凝聚人心、夯实基础"的重要原则，按照"完善一大机制、搭建两大平台、打通三大通道、突出四大重点"总体思路，深化对口援藏和加强区域合作，一是依托高层互访、部门联席会议、对口援助区县、办公室日常沟通、挂职干部交流等载体，完善援藏与合作一大机制；二是筹建发达地区援藏合作促进会、共建产业园区两大平台；三是打通援藏部门间合作、对口区县的基层乡镇结对帮扶合作以及招商引资三大通道，形成部门联动机制，推动区县结对帮扶合作和承接发达地区产业转移；四是突出机构改革、基础设施建设、资源整合、产业支撑四大重点，基础为先、民生为本、产业为重，整合资源、增加投入，瞄准对象、精准扶贫，以提升藏区自我发展能力、促进藏区与全国同步全面建成小康社会为目标，以整乡整村推进、整族帮扶和连片带动为突破口，以优势互补为基础，市场为导向，资产为纽带，政策为支撑，建构全方位、宽领域、多层次对口援藏与合作新格局，推进精准援藏，促进发达地区对口援藏向经济社会全方位互动协作转变，打造东西部协作示范新窗口、新高地，谱写中国梦新篇章。

二　基本原则

（一）政府引导、市场运作

坚持施援的上海等发达地区与受援的欠发达云南藏区各级党委、政府的统一领导，充分发挥各级政府、职能部门的职能作用，坚持政府引导、群众主体、市场运作、社会参与的原则，发挥干部群众的积极性和主动性，加强经济社会全方位的帮扶协作。在不断深化对口援藏的基础上，加强区域经济技术协作，优势互补、互利共赢、共同发展。为发达地区对口援藏与云南藏区提升自我发展能力创造良好的外部环境，充分发挥市场作用，加大力度引导双方企业积极参与对口帮扶与协作。

（二）扩大范围、多元发展

拓展机构帮扶，在现有省（区、市）、州（地、市）、县（区）三个帮扶层次的基础上，再拓展到对口乡镇与街道办事处，加大部门帮扶合作力度，吸引民主党派、老知青等参与到对口援藏与帮扶合作工作中来。推动社会帮扶工作不断深入发展，在现有教育、卫生等领域的基础上继续扩展。探索多种经济技术协作模式，推动经济技术协作深入发展，互利双赢。推动对口帮扶从单向帮扶向经济社会全方位互动协作转变，拓展空间，扩大范围，实现对口支援与区域合作全覆盖。

（三）整合资源、增加投入

随着扶贫工作向山区、连片贫困地区、特困民族偏远地区的不断推进，贫困人口生存环境更差、居住更分散，扶贫成本越来越高。需要提高标准，整合资源，增加投入，确保对口援藏工作实施效果凸显。

（四）立足当地、注重实效

对口支援项目和资金安排充分尊重当地干部和群众意见，与当地经济发展要求和水平衔接，规划引领，因地制宜，分类实施，连片带动。逐步淡化亮点，突出重点，根据当地经济发展水平和群众收入水平，合理负担，减少群众负债，注重实效。突出重点，强化整村推进，开展扶贫开发纲要示范村、集中连片整乡推进和特困群体帮扶等不同层面的探索试点。加大产业扶持力度，结合当地实际，打造主导产业。

三　总体目标

通过发达地区对口援藏与云南藏区提升自我发展能力"双管齐下"、外部扶持与提升内生发展能力"双轮驱动"、区域合作对内对外"双开放",推动云南藏区经济与社会发展"双跨越"。

（一）对口援藏目标

实现援助资金逐年稳定增长,加大项目建设和产业扶持力度,创新机制、先行先试,争取率先实现新纲要确定的目标,按照国家扶贫标准,力争使对口援助项目区基本消除绝对贫困现象,贫困人口数量明显减少,农户增收格局基本确定,农牧民人均纯收入达到或接近全国平均水平,云南藏区基本公共服务能力明显提升。

（二）社会发展合作目标

以教育、医疗卫生、科技、人力资源培训为重点,依托双方合作部门,通过多种形式,加强人才培训、技术帮带、管理提升、信息交流等,加快对口地区社会事业进步。加大挂职干部派遣力度,恢复并加大对云南藏区支教、支医力度,拓展社会合作领域,推动云南藏区民生改善。

（三）经济合作目标

加大区域经济合作力度,推动施援的上海等发达地区与受援的欠发达云南藏区向全方位、多层次区域合作局面转变。鼓励和吸引更多的发达地区企业、科研院所和社会力量,参与云南藏区重大基础设施建设、优势资源转化、新型工业化和城镇化、重要经济区建设、沿边经济带发展等项目,推动双方经济技术互利协作。拓展合作范围和方式,推动经济合作从现有部分州市参与向各州市全面覆盖转变,充分实现省际合作,在资源联合开发、资产重组、产业培育、合办园区、技术引进等领域探索有效合作模式。

第 九 章

发达地区对口援藏与提升云南藏区自我
发展能力的重点

发达地区对口援藏与云南藏区提升自我发展能力过程中，应突出重点，以整乡推进为平台，瞄准贫困对象，创新帮扶模式；因地制宜，加大产业扶持力度；加大农牧业基础设施建设力度；加快对口地区教育、卫生事业发展；加强劳动力转移和对口培训工作；加大挂职干部双向交流力度；拓展部门对口结对帮扶，有机接轨，优化合作机制；加大云南藏区对口招商引资和产业协作力度，建立对口帮扶协作发展基金，探索共建经济合作示范区、产业园区。

一　加大对口帮扶力度

（一）以整乡推进为平台，瞄准贫困对象，创新帮扶模式

结合社会主义新农村、美丽乡村建设和幸福家园行动计划，条件具备的可单独实施对口援助整乡推进项目，云南藏区每年试点一批整乡推进项目，每乡扶持一个主导产业，培育一户龙头企业，发展一批农牧民专业合作社，有效促进农牧民增收。在条件不具备的地区，以新纲要示范村或整村推进为切入点，与中央和省（区）级扶贫资金配套使用，合力实施整乡推进。瞄准贫困对象，突出重点区域，锁定扶贫开发目标，把边远、少数民族、连片特困地区深度贫困群体作为重点，健全识别机制，精准扶贫，优先支持、重点倾斜。

（二）因地制宜，加大产业扶持力度

充分发挥发达地区对口援藏与区域经济合作先行先试的示范作用，将产业扶持作为云南藏区扶贫开发、提升自我发展能力的重点工作，提高产业扶持资金投入比例，增强产业帮扶项目的示范性、带动性。进一步探索实施以专业合作社、专业企业为龙头，以园区为平台，以主导产业为载体，以企业和贫困农户为主体的开发式扶贫新模式。双方共同投入资金和技术，组织人

才培训和技术开发，集中力量帮助贫困村、贫困户发展有特色、有市场、投资少、见效快、覆盖广、效益好、有助于直接解决群众温饱问题的种植业、养殖业。积极支持当地特色种养业项目培育，引进和扶持带动能力强、辐射范围广的龙头企业、农牧民专业合作社，探索龙头企业与农牧民的多样化利益链接形式，提高农牧业生产集约化水平。帮助当地延伸产业链条，加大对特色产品加工、包装、仓储、流通等环节和特色产业规模化发展的支持，帮助打造特色产品生产、加工、物流、销售产业链。创新产业扶持机制，探索互助资金、产权分离、龙头企业和专业户带动等不同模式，带动农牧民从产业发展中分享更多的发展利益，实现就业增收。

（三）加大农牧业基础设施建设力度

在当地政府的统一领导下，以当地政府投资和社会筹资、投劳为主，以对口援建资金和争取其他渠道投资为辅，加强水利、水土保持、基本农田和生态环境建设。在生态环境脆弱地区，通过打水窖、修建水库等设施，扩大水浇地等基本农田面积，发展雨水集流窖蓄微灌技术和灌溉节水技术。帮助对口藏区继续完善农村道路、电网、饮用水工程等基本生产生活设施条件。

二　促进贫困地区社会事业发展

（一）加快对口地区教育事业发展

恢复和加大对云南藏区的支教力度。继续选派施援的上海等发达地区优秀教师赴云南藏区支教，加大支教力度，推动云南藏区教育事业发展。鼓励施援的发达地区退休老教师到云南藏区开展支教工作。通过学科共建、教学交流、师资培训、科研合作、联合办学、远程教育等手段，促进对口地区各级各类教育的均衡发展。帮助培训师资队伍，接受对口地区教育行政干部、中小学和中职学校校长、骨干教师到上海培训挂职。通过对口援藏资金，积极募集社会资金和各方捐助，帮助对口藏区建设希望小学、幼儿园、职业学校、技术培训中心，支援教学设施，建立贫困学生助学基金和优秀教师、优秀学生奖励基金。

（二）加快对口地区卫生事业发展

加大施援的上海等发达地区卫生系统对口支援云南藏区县级医院工作，加强管理输出、技术帮带、人员培训、设备援助，提升医院医疗水平。加强在医疗卫生改革、公共卫生服务、重大传染病防治等领域的交流合作。结合当地基层三级医疗卫生服务网络和公共卫生体系建设，以规划为先导，援建标准化乡镇卫生院、村卫生室、社区卫生中心，提升云南藏区医疗卫生技术水平和安全用药能力，担负起群众最为关切的常见病、多发病和部分危急重症的防治任务，妥善应对突发公共卫生事件。

（三）加强劳动力转移和对口培训工作

结合云南藏区农牧区劳动力转移行动计划，搭建劳务输出信息服务平台，大力推进劳务经济产业化发展。以市场化方式，有序组织对口地区农村劳动力就地就近就业和面向东部沿海地区的异地就业。将对口地区大学毕业生纳入施援的发达地区大学生创业扶持项目，享受施援的发达地区当地大学生就业创业优惠政策。面向施援的发达地区劳动力就业需求，建立一批特色劳动力培训基地和就业服务基地，加大定向招工力度。向国务院扶贫办申请在施援的发达地区建立"东西扶贫协作劳动力转移培训基础"，有计划、有针对性地培训有一定文化基础的云南藏区青年。

加强对口培训工作。合作培训对口地区环保、科技、经济、信息化等领域人才，加强对口地区人才培养，提高基层干部服务群众、服务经济建设的能力和水平。继续开展经济、科技、文化、环保、交通、旅游、外贸、招商、新闻出版等领域专业技术人才培训。发挥现代远程教育优势，大规模培训对口地区中小学教师、医疗卫生人才、基层管理干部、农牧产品经纪人、农牧区致富带头人、农牧业技术员等实用人才。

（四）加大挂职干部双向交流力度

选派施援的发达地区优秀干部到云南等藏区对口地区挂职工作，承担一定的地区发展责任，并具体落实对口支援项目和开展经济社会合作，增强挂职干部责任感和提升素质。接受对口地区干部到施援的发达地区对口区县的挂职锻炼。探索选派经营管理、专业技术人员到施援的发达地区国有企业挂职锻炼或进修。

（五）拓展部门对口结对帮扶

在现有教育、科技、卫生等领域部门对口结对的基础上，有针对性地拓展施援的发达地区与受援的云南藏区在金融、口岸、园区建设、现代农牧业、文旅产业等部门对口结对工作，不断拓展施援的上海等发达地区与受援的云南藏区对口援助与区域合作的空间和领域。

三　加强施援的发达地区与受援的云南藏区之间的经济协作

（一）有机接轨，优化合作机制

施援的上海等发达地区与受援的云南藏区需要有机衔接，高位推动，探索构建协同性区域合作体制架构，以平等合作、互利互惠为愿景，构建施援的上海等发达地区与受援的云南藏区之间共同发展的良好伙伴关系，形成区域共同治理、共同发展的良好氛围。鼓励政府部门与非政府部门的共同参与，通力研制相关政策，挖掘合作潜力，界定合作议题，整合两地现有产业导向政策、投资管理政策、财政金融税收政策、扶贫开发政策，引导要素充分流动，形成区际经济合作的良性运行机制。

结合上海等发达地区的自贸区建设，放宽投资准入，不断优化云南藏区投资环境，加快推动云南藏区社会主义市场经济体制建设。政府引导，市场主体，充分利用价格、利率等市场机制引导区域内资金、技术、人才等生产要素在地区间、产业间进行资源配置，不断推动区域经济合作向多层次、全方位、宽领域发展。以施援的上海等发达地区与受援的云南藏区之间的区域合作为突破口，不断扩大区际合作范围，推动云南藏区扩大对内对外开放。

（二）加大云南藏区对口招商引资力度

发挥施援的上海等发达地区在招商引资、市场建设等方面的有益经验，开展招商引资部门对口合作。构建施援的上海等发达地区与受援的云南藏区招商引资协调机制，搭建招商引资平台，共同对外招商，信息共享，帮助云南藏区加大招商引资力度，通过多种渠道传递信息，牵线搭桥，引导施援的上海等发达地区及国内外企业以其有形、无形资产来云南藏区投资办企业。搭建多层次展销平台，帮助云南藏区的企业拓展市场。

（三）加大产业协作力度

拓展产业协作，实现长期互惠互利的可持续的区域经济合作。在施援的上海等发达地区与受援的云南藏区之间的双方政府推动下，按照互惠互利、共同发展的原则，充分发挥双方优势，结合双方支柱产业发展，开展优势产业协作项目，以云南藏区的生物资源产业等优势资源型产业为突破口，发展一批精深加工型龙头企业，带动农牧民增收致富，引导产业转型升级。通过参股控股、并购、技术合作等多种形式开展经济技术协作，引进资金、技术、管理方法，基于资源优势打造竞争优势，实现产业结构优化调整和转型升级，延长产业链，开拓外部市场。

探索互利协作模式。通过在基础设施建设、资源联合开发、资产重组、贸易带动、合办经济开发区、资金融通、劳务输出协作、技术引进等多领域探索有效经济协作模式，实现互利双赢，推动施援的上海等发达地区与受援的云南藏区互动融合发展，推动双方帮扶协作向双赢合作转变。

（四）建立对口帮扶协作发展基金

建立对口帮扶产业协作发展基金，用于扶贫对口地区的产业扶贫开发项目，对产业发展项目提供贷款贴息，或者用于互助资金，滚动使用。有针对性地对前期对口帮扶或扶贫项目中，发展基础较好，已建立专业合作社或龙头企业的产业扶持项目，提供后续发展资金，巩固已有的产业扶持效果。

（五）探索对口合办经济合作示范区

以县或乡镇为单位，依照高起点、开发式、造血型的扶贫开发要求，实现施援的上海等发达地区资金、技术、管理经验、先进观念、体制与对口的云南藏区自然资源、民族文化资源保护和开发利用以及劳动力转移就业的有机结合，围绕藏区高原特色农牧业，开展实用技术培训、推广，兴办龙头企业和专业合作社，把示范区建成内具经济实力、外有辐射功能，农科教、贸工农一体化发展的现代化小城镇。

（六）探索共建产业园区

探索产业园区共建。以一批藏区产业聚集区为龙头，以各地州市经济开发区、边境经济合作区为辅，统一平台，因地制宜，探索施援的上海等发达地区与受援的云南藏区之间共建产业园区的有效模式，促进施援的发达地区相关产业向共建园区转移。

共同建设口岸经济区。发挥云南等藏区在面向东南亚、南亚、中亚开放合作的地缘优势，充分利用国家"一带一路"、长江经济带战略的机遇和国内发达地区在技术、产品及开拓市场方面的竞争优势，积极开展双边合作，联手共同推进口岸经济区建设。鼓励和引导企业联手参与口岸地区基础设施、商贸物流设施建设，合作参与周边国家基础设施建设、资源开发等。整合云南等藏区的园区、经济开发区和边境经济合作区的建设项目，统一规划，打造云南等藏区与边境经济合作带协同发展的对外开放格局，共同开拓东南亚、南亚、中亚甚至西亚、欧美等市场。

第十章

对策建议

为推进发达地区对口援藏，提升云南等藏区的自我发展能力，本书建议施援的发达地区与受援的欠发达藏区双方提高认识，包容发展，明确援藏责任主体，项目主导权要还权于藏区主体；推进机构改革，增强部门间政策的衔接性、配套性；建立援藏合作促进会，撬动社会参与，做大援藏合作"蛋糕"；民生为本，促进藏区社会事业跨越发展；产业为重，建立有效合作机制，探索推进发达地区到藏区以"园中园"等形式，推进合作双方共建园区，支持双方共建经开区、边合区、跨合区、沿边自贸区，制定出台区域产值、税收分成、环保容量调剂补偿、新增建设用地指标跨区域调剂使用等政策；拓展金融招商、产业招商、股权招商等合作路径，打造产业合作品牌；通过"产权分离""生态移民＋产业支撑"和文旅融合开发等途径，探索企农利益共同体和企村帮扶新模式；打造一批产业基地，主动承接对口发达地区产业转移；着力培养一批新型农牧民，改善生产生活条件，激发农牧民内生发展动力；合力攻坚，整乡整村整族推进；强化监督，推进精准援藏。

一　提高认识，包容发展

施援的上海等发达地区与受援的云南等藏区双方要上升到政治高度，上升到国家"一带一路"、长江经济带战略以及民族团结进步、边疆繁荣稳定发展、生态安全屏障建设高度上，从改革最前沿和沿边开放最前沿，抢抓自贸区和我国面向南亚、东南亚、西亚开放和辐射中心建设等战略机遇，深刻领会国家东西协作、服从"两个大局"政策内涵，以合作共赢为愿景，加强经济协作。施援的发达地区与受援的云南等藏区之间对口帮扶合作应基于包容性发展视角，通过市场接入、资源整合、产业优化及社会参与等机制共同作用，主导权还给发展的主体云南等藏区，提高对口帮扶合作绩效。

二　深化机构改革，推动部门协作

一是加快推进机构改革，强化职能。提高对口支援领导小组办公室的行政级别，建议办公室主任由分管副省（区）长或省（区）政府副秘书长兼任，强化机构职能，提高统筹协调能力，以形成"省（区）领导小组办公室牵头、其他成员单位为翼"的"雁型"协作推进格局。州（地、市）领导小组办公室主任可兼任州（市）副秘书长。同时，加快乡镇政府扶贫专干配置工作。二是创新机制，推动部门协作。打通部门间协作通道，建立定期召开协调、专题会议制度，推动成员单位主动加强和配合对口援藏与区域帮扶合作。完善部门间结对帮扶合作联动机制，促进部门间帮扶合作政策的协调性、衔接性和配套性，增强施援的发达地区与受援的云南等藏区对口帮扶合作有效性。三是强化对口援助与帮扶合作之间互动机制。对口援助夯实区域合作的基础，区域合作提升对口支援的层次，形成"帮扶"与"合作"并重的局面，充分发挥施援的发达地区与受援的云南等藏区双方的互补优势和合作潜力，加强两地帮扶协作部门的沟通协调，定期互访。

三　建立促进会，撬动社会参与

积极筹建对口援藏帮扶与合作促进会，建立对口帮扶合作基金，引导行业、企业、社会各界加大力度，有效撬动社会民间力量，吸引民营与社会资本，做大对口援藏与区域帮扶合作的"蛋糕"。拓展渠道，完善社会参与机制。有效发挥企业联合会、企业家协会、商会、园区协会等经济组织以及民主党派、工商联、工青妇、科协的桥梁纽带作用，建立健全社会帮扶载体，引导社会参与力量逐步向更宽领域延伸，引导企业参与经济协作帮扶，拓宽资金筹集渠道，促进互利共赢。另外，社会参与机制重心下移，推进乡镇及街道办结对帮扶合作。

四　民生为本，加大帮扶力度

民生为本，补足社会事业发展"短板"。一是继续深化施援的发达地区与受援的云南等藏区之间的教育对口帮扶合作。着力推进"校校结对"帮扶机制，学前教育帮扶合作先行先试。借鉴上海市等发达地区高校、中小学开办内地新疆班、西藏班的做法，开办"云南班""四川班""青海班""甘肃班"，积累经验后，扩招民族班。恢复支教机制，鼓励发达地区高校及中小学优秀在职教师、优秀退休教师赴云南等藏区支教，保持发达地区支教的衔接性、连续性和稳定性。配套教育等基础设施软硬件。二是继续深化医疗卫生对口帮扶合作。着力推进"院院结对"帮扶机制，拓展延伸到州、地、市级医院，推动医疗卫生合作共建；继续扩大"白玉兰"远程培训网络支持；降低培训门槛，加强医疗卫生人才培养。三是加大文化帮扶合作力度。配套新纲要示范村建设，援建一批科技文化站、村民活动室、社区服务中心、远程网络终端等公共服务设施，共建一批文艺交流与合作基地。四是加大科技合作力度。建立科技合作机制，在智能电网、生物医学、产业与环保节能技术等领域，推进施援的发达地区与受援的云南等藏区之间的科技合作。五是继续推动人才干部培养，加强能力建设。向国务院扶贫办申请建立"东西扶贫协作劳动力转移培训基地"；建立双向人才交流机制，设立人才专项奖励基金；加强重点领域急需紧缺人才、高端人才和少数民族人才培训力度。完善干部挂职、培训制度。降低门槛，到对口的发达地区挂职干部可由处级向科级甚至村两委干部延伸。

五　整合资源，加大投入力度

一是整合资源和力量，合力推进对口援藏与云南等藏区提升自我发展能力。建立健全部门合力攻坚机制，省（区）政府统筹制定出台资源整合实施办法，整合力量，加强对口援助协同配合，努力形成行业部门"各司其职、各负其责、齐抓共管、合力攻坚"的态势。以整乡（整村）推进为平台和抓手，精准扶贫，实施素质提升、产业培植、安居等重点工程，集中力量打歼灭战，提升对口帮扶质量和水平。二是加大投入力度。结合项目区户数规模、帮扶成本等因素，提高投入标准，实现财政资金、行业资金、帮扶资金、信贷资金有效增长。综合考虑受援区物价水平、扶贫成本、扶贫目标等因素，参照施援的发达地区GDP、财政收入年均增幅，比照援疆力度，建立对口援藏投入增长的长效机制。三是合理配套工作经费。参照扶贫资金管理办法，建议每年从对口援藏总经费中安排2%比例，用于对口援藏项目工作经费开支，以确保项目顺利实施。四是共建长江经济带生态安全屏障。作为生态保护受益方，建议长江中下游的发达地区与云南等藏区共建长江经济带生态安全屏障。通过转移支付、项目支持和专项补助等方式，支持长江经济带生态安全屏障建设。

六 建立有效的合作机制，推进区域经济合作

一是企业主体，市场化运作。引进市场机制和企业参与，推进区域合作与扶贫开发有机结合。以市场为导向，以企业为主体，加强政府引导和服务，引进并依托对口发达地区大企业进行产业化扶贫与合作。探索产业园区、经济开发区、边境经济合作区等对口合作共建机制。推进对口部门、区县、产业园区及企业加强经济合作，实现施援的发达地区与受援的云南等藏区两地区域联动、产业协同发展。二是调整对口支援与区域经济合作对象，拓展空间，扩大范围。例如，结合沪滇、沪迪帮扶合作的实践和需求，建议上海市14个区对口帮扶云南14个州市，将昆明、玉溪两市重点纳入区域合作之中；实施"云品入沪、沪企入滇"，打造"百户千亿"① 行动计划。三是全方位、宽领域、多层次推进双边经济合作。以西博会、南博会、昆交会、迎春博览会、产业对接会、企业洽谈会等平台，对口发达地区每年至少组织两批企业代表团来云南等藏区考察，开展投资洽谈，积极参与产业聚集区、产业园区、经开区、边境经济合作区等重点区域的建设。积极发挥对口发达地区金融、资本市场的优势，创新招商方式，探索拓展金融招商、产业招商、股权招商等投融资领域的合作。加大推进协调力度，强化从项目洽谈到签约、落地、开工、建设等全方位服务。切实提高合同履约率、资金到位率和项目开工率，推动项目取得实质性进展。

七 发挥优势，探索产业帮扶合作新途径

一是创新农业产业化对口帮扶模式。以云南等藏区高原特色农牧业为突破口，以庄园经济为抓手，切实把对口帮扶与龙头企业带动结合起来，打造企农利益共同体和企村帮扶模式。引进电商平台，促进产业融合。积极扶持合作经济组织，以产销为纽带，以服务为桥梁，以利益为核心，不断提高农牧民组织化程度。利用"产权分离""生态移民＋产业支撑"和文旅产业开发等模式，通过小额信贷、财政贴息等途径，提升产业扶持比重。推广资金互助社经验和做法，建立和完善产业帮扶资金滚动使用机制，扩大产业帮扶受益群体，提升扶持效益。二是以园区为平台，打通招商引资通道，吸引对

---

① 从2015年起，引进100户上海大中型企业到滇投资开发，力争3年左右实现上海企业入滇投资到位项目资金达1000亿元以上。

口发达地区企业来云南等藏区投资发展，与对口发达地区合作打造一批承接产业转移的基地，延伸产业链，打造产业集群。三是与对口发达地区合作打造一批承接产业转移的基地。受援助藏区在对口支援与区域合作过程中，可以利用资源禀赋、区位优势和比较优势，主动承接发达地区的产业转移。通过引资、引智、引技术、引管理，将对口发达地区的产业技术、资本和管理等优势与受援藏区的资源优势有机结合。四是加强施援的发达地区与受援的云南等藏区金融合作。积极开展金融干部培训；推进金融机构合作。继续加强与总部设在发达地区的外资法人银行的联系，积极探索施援的发达地区与受援的云南等藏区两地外资金融机构合作的新模式。

八　强化项目监督与评估，加强项目实施的后续管理

一是完善对口援助项目考核机制。细化对口援藏与合作项目管理实施细则，适时建立项目资金实施绩效评估机制，使项目资金使用公开、透明，确保帮扶资金发挥最大的效益。二是建立健全对口援藏项目申报、审批、拨款、验收和监督管理制度。运用"制度＋科技"手段，建设对口援藏电子信息平台和项目信息库，实施项目全过程信息化管理，规范援藏资金使用管理，强化重点领域重点环节的监管，提高项目管理水平。三是完善激励考核机制。完善挂职交流干部、专业技术人员的考核内容和办法，制定对口援藏合作考核细则，定期考评与不定期抽查相结合，及时表彰工作突出的合作单位和个人，加强对援助企业的沟通、反馈、宣传和激励。建立并完善激励机制，通过"以奖代补"激励，以及税收、信贷等政策优惠，推进企业合作，实现互利共赢发展。

中　篇

专题研究

第十一章

发达地区对口支援与藏区提升自我
发展能力研究及启示

改革开放以来，中央先后五次召开西藏工作座谈会，不断加大援藏力度。在全国兄弟省市、中央国家机关和部委、中央企业以及多批进藏干部的对口支援下，通过借助对口支援的外力、提升自我发展的内力，把政策与资源优势、外部帮扶内化为发展优势，整合资源，形成合力机制，我国藏区经济社会步入了跨越式发展轨道。

一 对口援藏研究现状

(一) 对口支援的历史、内涵及特征

对口支援，自20世纪70年代末提出以来，如今已成为使用频率极高的专用名词。1979年中央召开的"全国边防工作会议"会议上，首次提出对口支援政策，并确定了经济相对发达的省市对口支援相对落后的民族省区。随着改革开放的深入，国家不断总结经验，完善对口支援政策，多次召开"全国对口支援工作座谈会"，总结交流经验，提出了改进对口支援工作的建议。[①]

对口支援即经济发达或实力较强的一方对经济不发达或实力较弱的一方实施援助的一种政策性行为。社会主义制度优越性、中华民族优良传统、独特政治文化和现实国情赋予对口支援模式丰富的内涵和鲜明的中国特色。对口支援是在中国特定政治生态中孕育、发展和不断完善的一项具有中国特色的政治模式，是党中央、国务院为加快民族地区发展，维护民族地区稳定，缩小东西部差距，加强东西部交流的一项重要战略举措。[②] 就援藏目的而

[①] 潘久艳、周红芳:《"全国援藏": 改革路径与政策回应》,《中共四川省委省级机关党校学报》2010年第2期。

[②] 赵明刚:《中国特色对口支援模式研究》,《社会主义研究》2011年第2期。

言，中央扶持和对口支援的目的是激发藏区自我发展活力、动力，使藏区发展步入良性循环①，促进藏区由加快发展到跨越式发展的实现②。

从特征上看，政府主导型的对口支援制度安排，具有强制性特点；基于市场合作的对口支援，具有制度变迁的诱致动因③；契约式协作机制，将成为对口支援持续运行的动力④。"应急性+长效化"对口支援成为区域互助合作特色模式；需从协调、动力、保障、监督等方面，建立对口支援长效机制。

对口支援工作开展初期，由民族地区当时的发展状况决定，支援形式大多以物力支持为主。经过20多年的发展，对口支援工作的内容和形式不断向各个领域拓展，现已成为多领域、多层次、多形式、多内容的帮扶。

自西藏和平解放以来，中央始终以帮助西藏加快发展、缩小差距为根本方针，实施了一系列优惠政策，给予西藏大量的财政补贴、专项补助和重点项目建设投资，并组织各部门和发达省、市在人力、物力、财力和技术等多方面对口援藏。党的十一届三中全会以来，中央先后五次召开西藏工作座谈会，不断加大援藏力度。优惠政策进一步得到贯彻落实，中发4号和5号文件，以及国办62号、63号制定的对西藏的优惠政策，其核心就是对西藏和4省藏区有必要实行差别化的政策来带动发展。到目前为止，全国共有18个省（市）、60多个中央和国家机关部委、17个中央企业，先后选派6批共4742人进藏工作，分别对西藏的7个地市从人才、技术、资金等方面进行支援（详见表11－1）。

自2012年4月24日起，西藏自治区将与17家中央援藏企业和有关对口援藏省市共同实施就业援藏项目，中央援藏企业和援藏省市将为西藏提供3400个就业岗位。

表11－1　　　　　　　　全国18省市对口支援西藏情况

援藏的省市	西藏受援地区	援藏的省市	西藏受援地区
上海市	日喀则地区	浙江省	那曲地区
吉林省	日喀则地区	辽宁省	那曲地区
山东省	日喀则地区	湖北省	山南地区

① 中共中央文献研究室：《西藏工作文献选编》，中央文献出版社2005年版。
② 宋月红：《中央扶持和全国支援西藏》，《当代中国史研究》2008年第4期。
③ 仇喜雪：《激励理论与对口支援西部高等教育的制度创新》，《中央财经大学学报》2011年第4期。
④ 刘铁：《对口支援的运行机制及其法制化》，法律出版社2010年版。

援藏的省市	西藏受援地区	援藏的省市	西藏受援地区
黑龙江省	日喀则地区	安徽省	山南地区
四川省	昌都地区	湖南省	山南地区
天津市	昌都地区	河北省	阿里地区
重庆市	昌都地区	陕西省	阿里地区
北京市	拉萨	福建省	林芝地区
江苏省	拉萨	广东省	林芝地区

资料来源：援藏网，2009 年 9 月 18 日。

17 家中央援藏企业包括中国石油天然气集团公司、中国石油化工集团公司、中国海洋石油总公司、国家电网公司、神华集团有限责任公司、中国电信集团公司、中国联合网络通信集团公司、中国移动通信集团公司、中国铝业公司、中国远洋运输（集团）总公司、中国中化集团公司、中粮集团有限公司、中国中信集团公司、中国一汽集团公司、东风汽车公司、宝钢集团有限公司、武钢（集团）公司。

（二）对口援藏政策模式及工具

1. 对口援藏的政策模式

根据受援客体的不同，对口支援模式可分为边疆地区对口支援、灾害损失严重地区对口支援和重大工程对口支援三种政策模式。①

一是边疆地区对口支援。边疆地区对口支援，这是针对民族边境地区的常规性支援。对边疆民族地区的常规性对口支援是历史最悠久、支援规模最大、涵盖面最广、支援方最多、支援时间最长的政策模式。这种模式在 20 世纪 50—60 年代开始萌芽，20 世纪 70 年代末正式提出和实施。1979 年召开的全国边防工作会议上将对口支援工作正式提出并确定下来。

二是灾害损失严重地区对口支援。灾害损失严重地区对口支援，这是针对重大灾区的紧急性人道支援。我国是地质灾害多发的国家，一旦地质灾害发生，其对当地人民群众的生产和生活的打击是毁灭性的。为了加快灾区救援和灾后恢复重建工作步伐，我国政府在 1976 年唐山大地震发生后启动了灾后地方政府对口支援机制。2008 年发生的四川汶川 8.0 级特大地震对灾区人民的生产、生活造成了极其严重的破坏。中央决定举全国之力支援灾区

① 熊文钊、田艳：《对口援疆政策的法治化研究》，《新疆师范大学学报》（哲学社会科学版）2010 年第 3 期。

恢复重建，特别制定了《汶川地震灾后恢复重建对口支援方案》。对口方案要求，按"一省帮一重灾县"原则，东部和中部 19 个省市每年对口支援实物工作量按不低于本省市上年地方财政收入的 1% 考虑，对口支援期限按 3年安排。

三是重大工程对口支援。重大工程对口支援，这是针对重大工程的定向性支援。在我国国民经济建设中一些重大工程的实施对所在地的影响巨大，这些施工地的经济环境和生态环境都将会发生重大改变，其中最典型的就是举世闻名的三峡工程。三峡工程的实施需要完成大量的移民安置工作，同时库区的原有经济已经遭到严重破坏，留置居民的生活和生产活动受到极大影响。在这种情况下单靠当地政府的努力是远远不够的，必须充分发挥社会主义国家集中力量办大事的政治优势，通过中央和全国其他兄弟省市的对口支援才能做好三峡工程的各项工作。为了保证三峡工程建设，中央启动了对口支援机制，确定 29 个中央部委、22 个兄弟省市对口支援三峡库区。

2. 对口援藏政策工具

不同的对口援藏政策模式，其援藏的领域和内容不尽相同，因此，支援的主要方式及工具又各不相同（详见表 11 - 2）。

3. 对口援藏政策的效应

改革开放以来，在中央对藏区特殊关怀和大力支持下，在全国各族人民无私援助下，对口支援政策使得藏区实现了跨越式发展。以西藏为例，对口援藏效应凸显。

一是经济发展持续快速增长。西藏地区生产总值由 1980 年的 8.67 亿元增长到 2014 年的 920.83 亿元，34 年增长了 106.21 倍；人均生产总值由 1980 年的 471 元增加到 2014 年的 29898 元，增幅达 63.5 倍之多。西藏自治区地方财政收入也由 1980 年的 - 0.60 亿元一跃增至 2014 年的 164.75 亿元，增长约 165 倍。西藏全社会固定资产投资由 1980 年的 1.81 亿元一跃增至 2014 年的 1069.23 亿元，增长约 590 倍。西藏自治区消费规模不断增强，全区社会消费品零售总额由 1982 年 4.15 亿元，到 2014 年的 364.51 亿元，年均增幅达 15.0%。①

---

① 《2014 年西藏国民经济和社会发展统计公报》。

表 11－2 对口援藏内容及方式

对口援藏政策模式	内容及方式
边疆地区对口援藏	根据援助的领域和内容，可将边疆地区对口支援分为经济、干部、教育、科技、文化、医疗卫生等多种类型。以经济支援、人才支援和智力支援为主要方式
灾害损失严重地区对口支援	方式：（1）提供规划编制、建筑设计、专家咨询、工程建设和监理等服务；（2）建设和修复城乡居民住房；（3）建设和修复学校、医院、广播电视、文化体育、社会福利等公共服务设施；（4）建设和修复城乡道路、供（排）水、供气、污水和垃圾处理等基础设施；（5）建设和修复农业、农村等基础设施；（6）提供机械设备、器材工具、建筑材料等支持。选派师资和医务人员、人才培训、异地入学入托、劳务输入输出、农业科技等服务；（7）按市场化运作方式，鼓励企业投资建厂、兴建商贸流通等设施，参与经营性基础设施建设；（8）对口支援双方协商的其他内容
重大工程对口支援	方式：（1）项目援助；（2）资金援助；（3）人才培养；（4）劳务合作；（5）企业合作

　　二是产业结构不断优化升级。自 20 世纪 90 年代以来，尤其是进入 21 世纪以来，西藏结合区情和资源禀赋，以产业为支撑，以项目为抓手，以园区、招商为平台，以新型工业化、特色产业化、城镇化为驱动，通过人口和产业布局"双集中"、外部扶持与内生动力"双驱动"、经济结构调整跨越、农牧区生产生活方式"双转变"、对内对外"双开放"等战略路径，突破要素制约，优化调整结构，提升产业集聚度，加大投融资力度，加快旅游、商贸、物流、保险等现代服务业发展，培育战略性新兴产业，大力发展城乡特色经济，全区的三次产业结构不断优化调整（详见图 11－1）。

　　三是基础设施建设取得巨大成就。在中央的关怀和全国发达省市的对口支援下，西藏城乡基础设施建设取得了较大的成就。全区着力实施基础设施先行战略，不断加大交通、能源、水利、城镇和通信方面的投入力度，仅"十一五"期间，就投入了 500 多亿元，进入了一个前所未有的快速发展阶段，实现了许多重大突破，使基础建设这一制约经济发展的瓶颈获得明显缓解。林芝米林机场、阿里昆莎机场和日喀则机场相继建成通航，初步形成以拉萨贡嘎机场为中心，以昌都邦达、林芝米林、阿里昆莎和日喀则机场为支线的五大民用机场网络。青藏铁路、拉萨至日喀则铁路相继通车，那曲物流中心建成使用。墨脱公路开工建设，进藏干线公路基本实现路面黑色化，县通油路、乡镇和行政村通公路水平显著提高，到 2013 年年底，通车总里程达 7.1 万公里，综合交通运输体系逐步完善。全区广播影视覆盖能力显著增强，实现所有乡镇、行政村通广播电视。水利灌溉能力明显提高，拉萨、日

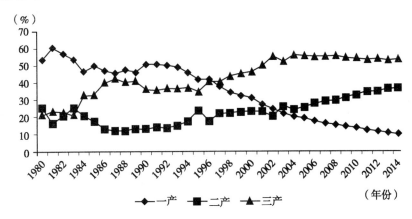

图 11 - 1　1980—2014 年西藏三次产业增加值占 GDP 比重变化情况

数据来源：《西藏自治区统计年鉴》（1981—2015 年）。

喀则、山南等粮食主产区基本上实现了旱能浇、涝能排，农业生产条件明显改善。

四是民生建设取得重大进展。2010 年年底，西藏已解决了 153.24 万人的饮水困难和饮水安全问题。2013 年年底，西藏自治区已有 46.03 万户、230 万农牧民住进了安全适用的房屋，农牧民生产生活条件显著改善。基本公共服务水平显著提高，教育、卫生、文化、科技等各项社会事业进一步发展，就业形势基本稳定，社保体系建设全面推进，统筹能力明显增强，提前两年实现农村新型养老保险全覆盖。西藏社保和就业支出由 2000 年的 1.08 亿元逐年增长到 2014 年的 85.97 亿元，年均增 36.7%。在对口援助以及自我发展能力提升过程中，西藏自治区城乡居民收入增长显著提高。2014 年，西藏农牧民人均纯收入为 7359 元，比对口支援开始之年 1980 年增长约 27 倍，年均增幅达 10.2%；城镇居民人均可支配收入达到 22016 元，比 1980 年增长 32 倍，年均增幅达 10.8%。

五是社会事业跨越发展。仅以教育、卫生事业为例，可看出西藏近年来社会事业步入了跨越发展轨道。教育对口支援以及内地"西藏班"成效显著，西藏教育事业得到前所未有的发展。截至 2014 年年底，西藏各级各类教育学校构成情况为：幼儿园在园幼儿 81123 人；义务教育阶段学习在校生419437 人；普通高中学校在校学生 55669 人；中等职业学校在校学生 16719人；高等院校 6 所，在校学生 34902 人；特殊教育学校在校学生 656 人；另还有内地西藏班学校在校学生就读。在全国各地对口支援下，尤其是卫生系统对口支援下，西藏医疗卫生事业取得了较快的发展。截至 2014 年年底，西藏自治区共有医院、卫生院792个，比1980年增加了264个；实有病床床位1.20万张，比1980年增加了0.77万张；卫生技术人员1.29万人，比1980年增加了0.62万人；每万人拥有的病床数、每万人拥有的医生数量分别为38.2张、41.1人，分别比1980年增加了15.2张、21.7人。

六是生态安全屏障建设取得重大进展。通过对口援助，西藏在国家生态安全屏障建设方面取得重大成效。西藏加大了大江大河源头区、湿地、草原、天然林保护力度，实施生态系统功能恢复工程，增强江河源头区涵养水源、保持水土等能力，促进区域生态功能恢复；实施退牧还草、草原鼠虫毒草害治理、人工种草与天然草地改良等工程，优先保护天然草场，加强草地资源保护；实施天然林保护、森林防火和有害生物防治工程，加强森林资源保护。加强生物多样性保护，开展重点地区物种资源调查，加强对西藏珍稀野生动植物种群及其栖息地的保护，加强外来入侵物种的预防和控制，强化生物安全管理。加大造林绿化力度，实施防护林体系建设、重点区域生态公益林建设工程，大力开展荒山荒地造林绿化工作，不断扩大森林面积，构建雅鲁藏布江中游"一江两河"流域宽谷地、藏东南"四江"流域重要地带、喜马拉雅山区重要地带、藏西北河谷区宜林地四大防护林体系。努力遏制土地沙化和水土流失趋势，采用生物措施和工程措施相结合的综合治理措施，加大重点地区沙化土地治理力度，提高沙区林草植被覆盖率，建立林灌草相结合的防风固沙生态防护体系。努力改善农牧区生态环境，以人口密集区、农业发达地区、农牧民聚居区、重点水源地、退化草场、沙化土地为重点，加大环境综合治理力度。认真落实"以奖促治""以奖代补"政策，实施农村环境综合整治工程，大力推进人居环境建设和环境综合整治工作。西藏在对口省市及中央部门机关的大力支持下，天然林保护、天然草地退牧还草、野生动植物资源保护、自然保护区建设、水土流失治理、地质灾害防治、植树造林、防沙治沙取得显著成效。全面启动农村薪柴替代工程和"绿色拉萨"工程，青藏铁路、重点公路沿线绿化不断加强。森林生态效益补偿全面实施，草原、湿地等其他生态补偿研究和试点工作稳步推进。垃圾污水处理设施建设加快，主要污染物排放得到有效控制，大力淘汰落后产能，实施节能节电重点工程，单位生产总值能耗持续下降。生态环境保护与建设进入科学规划、协调推进、持续发展新阶段。

（三）对口援藏存在的问题及对策建议述评

1. 存在的问题

对口支援西藏是我国对口支援工作中的典型，在援藏过程中存在并暴露出来的一些问题也普遍存在于其他省区的对口支援工作中。一是依赖现象严重。按目前方式持续援建，受援藏区将产生项目、投资依赖现象①，从而增强对中央财政支持和对口支援的依赖性。有的学者②将这种现象称为"贫血效应"。具体表现为"越扶越懒"，"越输血越贫血"，发达地区的援助很难激发贫困地区的内在活力，滋生出一种靠补助、要贷款，但生产依旧的现象。二是实施对口援藏的法律制度不健全。由于西藏地区发展的特点，对口支援西藏就成为一个长期且艰难的任务，因此对口援藏政策的制定和实施需要一个相对权威、稳定和连续的法律内环境。③ 目前，我国对口援藏工作的法律依据仅仅是《中华人民共和国民族区域自治法》中的有关条款，对口支援实施过程中缺乏与其他相关法律法规的协调。④ 三是对口支援管理体系不健全，实施工作不规范。上海援藏工作课题组指出：由于对口支援是一项全新的工作，因此管理体系的建立有一个完善的过程，尤其是在援藏干部、资金、项目、人才培训等管理上还要进一步形成规范。⑤ 在援藏工作的实施过程中，有很多项目的前期开发程序不规范，有的项目则在签订后难以落实，还有不少项目在实施过程中夭折，这些问题导致一定程度上挫伤双方的积极性。⑥ 四是支援重点不合理，城乡差距持续扩大。改革开放以来，西藏农牧民温饱问题初步解决，但生产效益差，农牧民收入低，人均纯收入仅为全国平均水平的一半，也仅相当于当地城镇居民可支配收入的1/3。⑦ 靳薇在对藏区发展进行实地调研后，将原因总结为：我国目前的对口援藏工作的投资多以中心城市为投资重点。⑧ 五是"政府"与"市场"关系不和谐。卢秀敏⑨在其研究中指出：在对口支援政策实施过程中，存在政府"缺位"与"越位"问题。由于西藏经济尚未完全由计划经济转变为市场经济，对于市场经济体制下的一些现代经济观念的认识比较薄弱，因此很多的援藏项目是在政府的主导下进行的，忽略了市场的导向作用，产生了低效率的政策投入。部分施援地区服务政治大局意识不强，未能充分发挥引导作用，从而

　　① 靳薇：《西藏——援助与发展》，西藏人民出版社 2010 年版。

　　② 安德鲁·费舍尔：《设计下的贫困——中国在西藏实行的经济歧视政策》，中国藏学研究中心《藏事译丛》2002 年第 6 期。

　　③ 董世举：《对口支援西藏发展的问题和对策》，《广东技术师范学院学报》2009 年第 6 期。

　　④ 杨道波：《地区间对口支援和协作的法律制度问题与完善》，《理论探讨》2005 年第 6 期。

　　⑤ 《上海援藏工作》课题组：《上海援藏工作的思考》，《西藏研究》1998 年第 3 期。

　　⑥ 董世举：《对口支援西藏发展的问题和对策》，《广东技术师范学院学报》2009 年第 6 期。

　　⑦ 中国科学院地质部：《实现西藏跨越式发展的若干建议》，《地球科学进展》2002 年第 2 期。

　　⑧ 靳薇：《和平解放后援藏项目社会经济效益研究》，《西南民族大学学报》2005 年第 2 期。

　　⑨ 卢秀敏：《对如何更好地在西藏贯彻落实党的民族经济政策的几点建议》，《西藏民族学院学报》2002 年第 9 期。

产生了政府"缺位"现象。六是缺乏有效的监督与评估机制。目前，我国对口援藏工作对政策评估工作尚未引起足够的重视，因此导致很多已经失效的政策目前仍然在实施，而一些行之有效的政策却得不到应有的肯定及有效推广。规范、有效的监督机制是对省际间支援工作优化的重要保障。① 我国现行的援藏政策监督的广度和深度还不够。监督的内容还不完整，缺乏绩效监督。

2. 对策建议

针对以上在对口支援工作中出现的问题，许多的专家学者都给出了相应的解决对策和建议：

一是立足藏区实际，提高对口支援的有效性。市场发育滞后是影响藏区发展的很重要的原因，因此推动和帮助受援地干部群众树立起市场意识、建立并完善市场体系有助于藏区的发展。针对消除传统援助活动中的消极影响、提高援助的有效性，以"参与式援藏"的模式，明确和尊重当地群众的发展主体地位，立足当地资源和条件，以"改善条件、提高能力、增加机会、赋予权力"举措以促进其全面发展。② 莫代山也指出，"输血"是手段，"造血"才是目的，帮助欠发达民族地区提升自我可持续发展能力是解决发展的重要方式。③ "输血"性援藏的短期目标是帮助藏区度过暂时的困难，长远目的应是通过帮助使藏区形成自我"造血"的能力。否则，长期的"输血"性支援不仅会减缓发达地区的经济发展步伐，而且容易消磨欠发达地区自我发展的意识和能力。

二是建立对口支援制度保障机制。法律制度的协调性是法治必要保障。④ 我国应该建立并完善协调一致的对口支援法律制度，制定稳定的资金与物资筹集管理制度、人才和智力选派制度，加强对援藏项目实施的监管力度。

三是重点突出，注重区域协调。针对援藏重点不合理这个问题，有学者提出对口支援应打破平均主义，集中力量重点突破，推动民族地区波浪式发展。在市场经济条件下，对口支援应讲求效益，应集中资金，解决当地难于胜任的有关全局的重点基础建设，例如能源、交通、通信等，帮助藏区建设增强其"造血"功能的产业，如农、牧、土特产深加工等产业。另有学者

---

① 董世举：《对口支援西藏发展的问题和对策》，《广东技术师范学院学报》2009 年第 6 期。
② 周猛：《经济发展理论演变及其对援藏工作的启示》，《西藏研究》2012 年第 4 期。
③ 师守祥、张志良、赵灵芝：《藏区发张的价值及措施》，《未来与发展》2002 年第 1 期。
④ 杨道波：《地区间对口支援和协作的法律制度问题与完善》，《理论探讨》2005 年第 6 期。

指出，加大教育投入，提高藏区农牧民的素质，促进人力资本的积累①；援藏的重点应由城市向农牧区转移，有效地遏制城乡差距的进一步扩大②。

四是处理好"政府"与"市场"的关系。专家指出要从两方面入手：一方面，不能将国家援助资金投放在竞争性领域；另一方面，积极探索市场经济条件下有效的援助政策，更好发挥政府调控作用。③

五是完善相关体制和政策。首先，需要尽快在支援省市和受援地区建立对口支援的财务公开和事务公示制度，增加资金使用的透明度，自觉接受支援省市人民群众和灾民的监督。其次，加强对对口支援资金的专项审计。再次，建立科学有效的动态评估机制。建立健全一套针对对口支援政策和项目的科学有效的评估体系。规范、有效的评估机制是对省际间支援工作优化的重要保障。建立健全政策评估机制可以及时发现政策执行过程中出现的问题，从而为政府部门修正政策提供参考，使政策能够发挥最大的作用。④

二　藏区提升自我发展能力研究现状

（一）自我发展能力内涵及少数民族地区发展的必要性

自我发展能力，是指一个国家或地区经济系统内部的经济效益和地区积累能力。⑤简单地说就是自力更生的能力，即充分依靠和发挥自己的内在禀赋、内部动力、内部潜力和内部创造力来发展自己的能力。⑥它强调的是经济发展的自身基础或造血功能。它并不排斥外部力量对一国或地区经济发展的推动作用，相反，它是外部力量发挥积极作用的基础。⑦其经济内涵包括

① 刘毅、杨明洪：《中央援藏政策对西藏经济发展影响的实证分析》，《西南民族大学学报》2008 年第 4 期。

② 鱼小强：《对增强西部地区自我发展能力的思考》，《商洛师范专科学校学报》2002 年第 3 期。

③ 卢秀敏：《对如何更好地在西藏贯彻落实党的民族经济政策的几点建议》，《西藏民族学院学报》2002 年第 9 期。

④ 赵明刚：《中国特色对口支援模式研究》，《社会主义研究》2011 年第 2 期。

⑤ 鱼小强：《对增强西部地区自我发展能力的思考》，《商洛师范专科学校学报》2002 年第 3 期。

⑥ 刘期彬：《增强自我发展能力是实现西藏跨越式发展的内在动力》，《西藏发展论坛》2011 年第 1 期。

⑦ 朱凯、姚驿虹：《对自我发展能力理论的规范性研究》，《成都理工大学学报》2012 年第 1 期。

以下五个方面①：要素凝聚力、资源组合能力、科技进步能力、制度创新能力和科学决策能力。

少数民族经济社会的发展动因在民族内部，在于自我发展能力的培养。只有自我能力提高了，才能为现代农业、畜牧业、林果业提供动力，才能为城镇化和新型工业化增添动力。增强少数民族自我发展能力是构建和谐社会、全面建成小康社会的必然要求，没有少数民族的小康，就没有整体的小康。②

针对政府主导型对口帮扶机制下贫困主体自我需要和自主发展能力被忽略，阻碍了外在帮扶力量的内在动力化。③ 民族地区发展的基本目标是提高少数民族自我生存能力、发展能力以及对全国整体发展支撑能力。逐步缩小与发达地区差距，最根本在于提高民族地区自我发展能力④；关键在于强化受援民族地区造血功能。受援民族地区应避免短视现象，发挥比较优势和后发优势，处理好自力更生与外来援助关系，挖掘自身内部潜力⑤；以对口支援为外力，自力更生为根本；变"输血"为"造血"，变"供给"为"内生"；以培养自我发展能力为主线，促进民族地区跨越式发展⑥。

专家学者认为重视并加快藏区发展具有以下六点重要意义⑦：一是藏区发展有利于巩固和发展社会主义民族关系；二是藏区发展是我国稳定的前提和基础；三是发展藏区经济是国家安全的保障；四是藏区的发展是维护国家统一的保证；五是藏区发展是缩小地区差距，实现我国现代化建设第三步战略目标的客观要求。六是藏区的发展是我国实施可持续发展战略的保证。

（二）提升藏区自我发展能力的措施及方法

要提升少数民族地区自我发展能力，首先要弄清楚制约少数民族自我发展能力提高的主要因素有哪些。周亚成等人的研究将这些制约因素归纳为以下五点：一是自然环境的制约。包括恶劣的自然环境，同时也指像藏区的居民，大多是大分散、小集中，常分散、短集中，使得他们与外界的联系少而

① 鱼小强：《对增强西部地区自我发展能力的思考》，《商洛师范专科学校学报》2002 年第 3 期。

② 牛云峰：《兵团农四师增强少数民族自我发展能力的成就、经验及对策》，《兵团党校学报》2012 年第 1 期。

③ 徐静：《对口帮扶新视野——由政府主导型转向市场化基础上政府与 NGO 共同推动型》，《当代贵州》2004 年第 21 期。

④ 周忠瑜：《努力提高少数民族地区的自我发展能力》，《青海民族学院学报》1988 年第 4 期。

⑤ 《上海援藏工作》课题组：《上海援藏工作的思考》，《西藏研究》1998 年第 3 期。

⑥ 徐君：《四川民族地区自我发展能力建设问题》，《西南民族大学学报》2003 年第 6 期。

⑦ 师守祥、张志良、赵灵芝：《藏区发展的价值及措施》，《未来与发展》2002 年第 1 期。

贫乏；二是传统产业结构和经济发展模式的限制；三是人口和劳动力素质的限制；四是旧观念的制约；五是新机制的限制。① 针对这些制约因素，国内许多专家学者也纷纷提出了一些应对建议。

1. 国家的宏观政策

首先，国家需进一步放宽对藏区的宏观政策。② 也就是说在对藏区领导的同时，应给予藏区更多真正的自治权利，充分挖掘藏区人民的生产潜力，积极地调动藏区发展生产、繁荣经济的积极性。其次，在发展藏区自身积极性的同时，国家还应总体规划、加大对藏区的各项投入。正如少数民族在历史发展时期受到外力影响的情况一样，少数民族地区真正实现可持续发展，仍然需要外力的强有力的推动。③

2. 更新观念

藏区要继续强化发展意识，牢固树立起"发展是解决西藏所有问题的基础和关键"的思想，用科学发展观指导各项工作。用全新的理念、广阔的视野和战略的思维，重新审视我国藏区发展的基础和条件、优势和劣势、机遇和挑战，从根本上为藏区的发展奠定基础。除此之外，摆正接受援助与自主发展的关系。④ 国际及国家对藏区的各项援助，很容易使受援地区产生强烈的依赖心理，从而丧失提升自我发展能力的动力，因此受援藏区应正确处理两者之间的关系，充分发挥藏区自身发展的积极性、主动性和创造性，真正把各项优惠政策和各方面的扶持帮助转化成自我发展的能力，促进经济社会全面协调可持续发展。

3. 关注民生，抓好稳定工作

我国社会发展的根本目的就是要不断推进经济建设，提高人们的生活水平和生活质量，满足人民群众日益增长的物质文化和生活需要。因此，要重视藏区人民的民生问题，加强藏区社会稳定工作，只有稳定，才能有发展。为此，专家提出以下建议：（1）降低社会转型的痛苦指数，关注少数民族贫困阶层；（2）保障基本就业，推动发展成果惠及少数民族群众；（3）统

---

① 周亚成、兰彩萍：《新疆牧区少数民族自我发展能力浅析》，《新疆大学学报》2003 年第 6 期。

② 周忠瑜：《努力提高少数民族地区的自我发展能力》，《青海民族学院学报》1988 年第 4 期。

③ 徐君：《四川民族地区自我发展能力建设问题》，《西南民族大学学报》2003 年第 6 期。

④ 刘期彬：《增强自我发展能力是实现西藏跨越式发展的内在动力》，《西藏发展论坛》2011 年第 1 期。

筹兼顾，注重调解各方面的利益。① 完善医疗救助体系，切实减轻少数民族人民的负担，解决少数民族贫困家庭无钱看病的问题，确保因病致贫现象的减少。完善文化服务体系，以现代文化为引领，切实转变少数民族传统观念。在少数民族聚居地区新建、改扩建文化活动室、图书阅览室，让少数民族职工、群众享有基本公共文化服务。结合国家实施的"千村万家农家店""西新工程"等文化工程，全面促进少数民族聚居地区的文化建设，满足各族群众文化需求。扶贫先扶志，要更加注重精神上脱贫，为自我发展能力的增强提供精神动力。②

4. 加强对藏区人才输入及本地区人才培养

教育现代化是藏区跨越式发展的根本。③ 藏区应在人才的引进、培养和分配方面做到合理规划，对专业技术人才的质量和数量方面有定量的需求预测，改进用人机制，更新用人观念，挖掘内部潜力，着力培养、稳定、用好现有的人才。发展教育、普及科学技术是提高我国民族地区自我发展能力的重要手段。

三　简要评述及对云南藏区发展的启示

对已有研究的总结分析看出，我国专家学者对对口支援与提升少数民族地区自我发展能力的研究日益增多。从研究内容上看，多数研究主要集中于对理论政策的宏观描述性分析，研究深度有限，对于藏区实地调研情况的研究较少，且研究数据较为陈旧。从研究方法上讲，多数研究仍停留在定性方面，定量方面的研究文献极为罕见。因此，深层次探究对口援藏及提升藏区自我发展能力的经验、教训，有针对性选择差异化政策，逐步完善对口支援政策的协调性、衔接性和配套性，建立健全对口支援机制体制，提高发达地区对口支援有效性；同时，结合藏区资源禀赋、区位状况和经济社会发展水平等因素，探索提升自我发展能力的路径和着力点，促使藏区在发达地区的帮助和自身的努力下，化对口支援外力为自我发展内力，促进藏区科学、和谐与跨越发展。

---

① 阿迪力·买买提：《论国家权利与少数民族的自我发展》，《黑龙江民族丛刊》2012 年第 1 期。

② 牛云峰：《兵团农四师增强少数民族自我发展能力的成就、经验及对策》，《兵团党校学报》2012 年第 1 期。

③ 王德强、史冰清：《云南藏区跨越式发展的时间与探索》，《云南民族大学学报》2011 年第 9 期。

　　与对口支援西藏的历史相比，发达地区对口支援云南藏区的时间较短。目前，关于发达地区对口援藏背景下云南藏区提升自我发展能力的研究尚未系统开展，实证研究较少。本研究将进一步在国内外专家研究基础上，以迪庆州为调研对象，从历史与现状的动态视角，纵向分析发达地区对口支援云南藏区在各阶段推进的领域、重点及模式；从省际间、省内发达地区的横向视角，对比分析对口支援云南藏区的领域、重点及模式；从主体意识与能力加强，民族特色产业与经济增长点培育，企业扶持与龙头带动，农牧民增收渠道拓展，发展方式转变等方面，多视角剖析云南藏区在对口支援背景下提升自我发展能力的途径。探讨云南藏区如何借外力、强内力、重合力，提升自我发展能力。探索在对口支援背景下，云南藏区提升自我发展能力的关键着力点及需完善的政策建议，供中央及地方政府决策参考。

第十二章

发达地区对口援藏背景下藏区提升自我发展能力问卷调研统计与回归分析

——基于滇藏 6 个地（州、市）的调研分析

　　本课题组采用一元回归方程对发达地区对口援藏背景下藏区自我发展能力提升情况进行问卷调研分析。根据课题组采用社会科学统计软件 SPSS 17.0，对西藏、云南 6 个调研州、地、市共 10 个调研县、11 个乡镇、352 户的农牧民调研问卷数据库进行统计和回归分析，发现在发达地区对口援藏过程中，藏区通过借助外力、提升内力、促进合力，自我发展能力得到了显著提升，增加了农牧业产值增加，改善了农牧民居住环境，增加了农牧民收入，极大地改善了农牧民的生产生活条件。

一　研究背景及数据资料收集

（一）研究背景

　　社会主义制度优越性、中华民族优良传统、独特政治文化和现实国情赋予对口支援丰富的内涵和鲜明的中国特色。对口支援是在特定政治生态中孕育、发展和不断完善的一项具有中国特色的政策模式；是党中央、国务院为加快民族地区发展，维护民族地区稳定，缩小东西部差距，加强东西部交流的一项重要战略举措。而区域合作是中央加强东西部地区经济联合与合作，促进区域经济社会协调发展，是贯彻落实国家扶贫开发纲要等重大战略部署的具体体现。

　　改革开放以来，中央先后五次召开西藏工作座谈会，不断加大援藏力度。在全国兄弟省市、中央和国家机关部委、中央企业以及多批进藏干部的对口支援下，在兄弟州（地）市及大型企业集团的对口帮扶下，以及各级企事业单位结对帮扶下，通过借助对口支援的外力、提升自我发展的内力，

把政策与资源优势、外部帮扶内化为发展优势，整合资源，形成合力机制，我国藏区经济社会步入了跨越式发展轨道，经济社会面貌发生了巨变。

然而，对口援藏与藏区提升自我发展能力还缺乏定量分析研究。为此，课题组于 2012 年 6 月 6—16 日，赴西藏拉萨市及堆龙德庆县、曲水县、南木林县，日喀则市及白朗县、江孜县，山南地区及贡嘎县，那曲地区及那曲县，昌都地区等 5 个地市、7 个县调研，以面上资料收集和点上典型案例访谈"点面"结合展开调研。在此基础上，课题组以云南藏区为重点，分别于 2012 年 8 月 5—10 日、2013 年 5 月 14—23 日，对迪庆州及香格里拉、德钦、维西县 3 个县展开了较为详细的调研活动，随后在补充调研并在相关理论文献查阅和实地调研基础上，收集大量资料、数据并进行详细整理分析，对建立起的问卷调研数据库进行模型回归分析，以期剖析藏区在借对口支援外力，提升自我发展能力内力。

（二）数据资料收集

一方面，课题组为分析发达地区对口援藏对藏区经济社会发展的影响，运用统计分析软件 SPSS 17.0，采用了发达地区对口援助项目资金投入变量，并结合调研藏区农牧业总产值、人均占有粮食量、农牧民人均纯收入、贫困发生率、耕地有效灌溉面积、通车里程、农牧区用电量等变量指标进行回归分析。

另一方面，在发达地区对口援藏背景下，课题组分析了调研藏区自我发展能力提升情况。主要利用了农牧民问卷调研数据库，运用 Excel 软件，对课题组实地调研的西藏、云南 6 个地、州、市共 10 个调研县、11 个乡镇、352 户的农牧民问卷数据库进行统计分析，以期剖析藏区借外力提内力的效果。

二　对口援藏对藏区经济社会发展影响的实证回归分析

（一）数据处理

首先，课题组收集了发达地区 2004—2012 年对调研藏区的对口援藏资金投入数据。

其次，收集了调研藏区 2004—2012 年的农牧业产值、人均粮食产量、农牧民人均纯收入、贫困发生率、耕地有效灌溉面积、通车里程、农牧区用电量等数据。

最后，课题组以统计软件 SPSS 17.0 为分析工具，采用一元回归方程对对口援藏投入与相关调研藏区农牧业产值、人均粮食产量、农牧民人均纯收入、贫困发生率、耕地有效灌溉面积、通车里程、农牧区用电量等数据的关系进行回归分析。

（二）模型的构建

本书采用一元回归方程的投入与产出的关系进行研究，变量之间的回归模型用下式表达：

$$y_i = \beta_0 + \beta_1 x_i + u_i$$

式中，y 是因变量（农牧业产值、农牧民人均粮食产量、农牧民人均纯收入、贫困发生率、耕地有效灌溉面积、通车里程、农牧区用电量），自变量 x 表示投资（人均对口援藏项目到位资金）。

（三）回归分析结果

采用社会科学统计软件 SPSS 17.0 分别对自变量与七个因变量进行一元回归分析发现，发达地区对口援藏项目投入对七个变量指标影响显著的依次是农牧民人均纯收入、农牧业产值、通车里程、贫困发生率，其余农牧民人均粮食产量、耕地有效灌溉面积和农牧区用电量三个指标影响不够显著。其中，农牧民人均纯收入的显著性最高（$R^2 = 0.806$）；农牧业产值的显著性名列其次（$R^2 = 0.769$）；通车里程的显著性名列第三位（$R^2 = 0.701$）；再者，贫困发生率（$R^2 = 0.638$）。另外，援藏项目投入对贫困发生率是负相关（系数 $\beta_1 = -0.047$）。回归结果显示，通过对口援藏等工作，调研藏区县农牧民收入增长最为显著，而对调研藏区县农牧业总产值增长也十分显著，对藏区的基础设施（通车里程）改善也较为显著。随着农牧民人均纯收入的不断增长，调研的 6 个州、地、市、10 个县的贫困发生率在 2004—2012 年呈逐年下降趋势，从回归模型也可以看出，该指标是显著性影响第四的指标（详见表 12-1）。

表 12-1   调研藏区经济社会指标回归结果

变量	R^2	常数 β_0	系数 β_1	D-W
农牧业产值	0.769	1618524.912	1856.487	2.362
农牧民人均纯收入	0.806	775.026	4.826	1.953
通车里程	0.701	1047.521	5.652	2.085
贫困发生率	0.638	38.254	-0.047	1.986
农牧民人均粮食产量	0.064	299.693	0.037	1.124
耕地有效灌溉面积	0.302	759.543	0.044	2.137
农牧区用电量	0.299	10011.252	38.216	1.894

三 农牧民问卷统计分析

课题组通过对西藏、云南两省（区）5 个地（州、市）共 10 个调研县、11 个乡镇、352 户农牧民问卷数据库整理，选择农牧民受教育程度、人均有粮、家庭人均收入、就业渠道、收入来源渠道等几个关键性指标，分析藏区农牧民借发达地区对口援藏的外力推动下，通过内源式发展与提升自我发展能力，致力于改善其生产生活条件。

（一）基本数据

课题组实际对 5 个地、州、市（昌都地区未开展问卷调研）、10 个县、11 个乡镇开展了农牧民问卷调研，实际发放问卷数为 416 份，但回收的问卷数为 388 份，回收率为 93.3%，通过录入统计发现，实际有效问卷为 352 份，有效问卷占回收问卷总数的 90.7%（详见表 12 - 2）。可见，与在内地农户问卷调研的高回收率、高有效问卷率相比，由于民族语言等障碍因素，在藏区开展问卷调研有一定难度。

表 12 - 2 调研藏区县农牧民问卷基本情况 （单位:%）

地区	县	发放数	回收情况		有效问卷情况	
			回收份数	回收率	有效份数	有效问卷率
拉萨市	堆龙德庆县	43	39	90.7	34	87.2
	曲水县	41	39	95.1	35	89.7
	南木林县	39	35	89.7	31	88.6
日喀则市	白朗县	37	36	97.3	29	80.6
	江孜县	40	37	92.5	34	91.9
山南地区	贡嘎县	39	35	89.7	33	94.3
那曲地区	那曲县	41	38	92.7	35	92.1
昌都地区	—	—	—		—	
迪庆州	香格里拉县	40	39	97.5	37	94.9
	德钦县	45	41	91.1	39	95.1
	维西县	51	49	96.1	45	91.8
合计		416	388	93.3	352	90.7

资料来源:《发达地区对口援藏与云南藏区提升自我发展能力研究》问卷数据库。

（二）受教育程度有所提升

发达地区对口援藏区接受问卷调研的农牧民 2004 年、2012 年受教育程度对比分析发现，在对口援藏背景下，样本农牧民受教育程度有了显著提升，文盲半文盲率显著下降，接受初高中和大中专教育的比率有所提升（详见表12-3）。

表12-3　　　　　　　　　　调研农牧民受教育程度变化情况　　　　　（单位:%）

年份	文盲半文盲	小学	初中	高中	大中专
2004	21.5	42.3	31.2	3.9	1.1
2012	12.8	43.0	35.5	5.8	2.9

资料来源：根据《发达地区对口援藏与云南藏区提升自我发展能力研究》问卷数据库分析整理得出的统计数据。

（三）人均粮食产量增加

随着对口支援力度加大，科技支撑作用加强，藏区农牧业生产效率逐步提高，农牧业和粮食生产水平提升。根据对农牧民问卷调研显示，2004年，调研藏区16.9%的农牧民人均有粮在150公斤以下，37.5%的农牧民人均有粮在150—300公斤，300公斤及以上的占45.6%。通过多年的农业对口帮扶及科技支撑等，到2012年调研农牧民人均有粮不足150公斤的仅占5.5%，人均有粮在300公斤以上的占84.1%（详见表12-4）。

表12-4　　　　　　　　　调研农牧民人均粮食占有变化情况　　　　　（单位:%）

年份	150公斤以下	150—300公斤	300—400公斤	400公斤以上
2004	16.9	37.5	40.9	4.7
2012	5.5	10.4	59.7	24.4

资料来源：根据《发达地区对口援藏与云南藏区提升自我发展能力研究》问卷数据库分析得出的统计数据。

（四）农牧民家庭收入提高

调研样本农牧民家庭人均年收入1000元以下的农户由2004年占调研样本户总数的13.6%下降到2012年的3.3%，家庭人均年收入2301—5000元以下的由2004年31.3%上升到2012年的34.2%，家庭人均年收入5001—7000元以下的由2004年20.7%略上升到2012年的21.1%，家庭人均年收入7001—10000元以下的由2004年4.5%上升到2012年的11.4%，家庭人均年收入10001元以上的由2004年2.7%上升到2012年的10.2%（详见表12-5、图12-1）。由样本农牧民收入增长变化可见，藏区在对口援藏外部推动下，自我发展能力得以提升。

表 12 – 5　　　　　　　调研农牧民家庭人均收入变化情况　　　　　（单位:%）

年份	1000 元以下	1001—2300 元	2301—5000 元	5001—7000 元	7001—10000 元	10001 元以上
2004	13. 6	27. 2	31. 3	20. 7	4. 5	2. 7
2012	3. 3	19. 8	34. 2	21. 1	11. 4	10. 2

资料来源：根据《发达地区对口援藏与云南藏区提升自我发展能力研究》问卷数据库分析得出的统计数据。

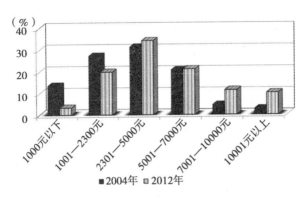

图 12 – 1　调研样本农牧民家庭人均收入变化情况

（五）收入渠道多元化

分析发现调研样本农牧民家庭收入渠道发生了显著变化。根据调研样本农牧民对主要收入来源的单选结果显示，有 51.8% 样本户反映 2004 年家庭收入主要来源于种养殖业收入，2012 年则降为 41.9%；10.4% 样本户反映 2004 年的家庭收入来源于农畜产品加工业，2012 年则上升至 11.1%；6.5% 样本户反映 2004 年的家庭收入来源乡村旅游业，2012 年则上升到 8.3%；10.3% 样本户反映 2004 年的家庭收入来源于外出务工，到 2012 年则上升至 14.7%；6.2% 样本户反映 2004 年的家庭收入来源于政策补贴收入，到 2012 年则上升至 8.3%。此外，还有部分的家庭收入土地流转收入、做生意、跑运输及其他收入也发生了变化（详见表 12 – 6、图 12 – 2）。

表 12 – 6　　　　调研样本农牧民家庭收入主要来源渠道变化情况　　　（单位:%）

收入来源渠道	种养殖业	农畜产品加工	乡村旅游	外出务工	土地流转（含林地）	做生意	跑运输	政策补贴收入	其他收入
2004 年	51. 8	10. 4	6. 5	10. 3	1. 2	4. 0	4. 1	6. 2	5. 5
2012 年	41. 9	11. 1	8. 3	14. 7	3. 4	4. 7	5. 3	8. 3	2. 3

资料来源：根据《发达地区对口援藏与云南藏区提升自我发展能力研究》问卷数据库分析得出的统计数据。

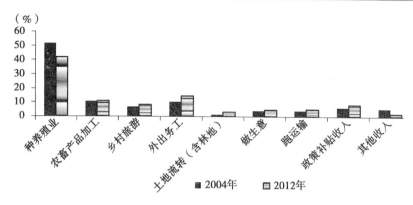

图 12 - 2　调研样本农牧民家庭收入来源渠道变化情况

（六）调研农牧民需求反映出提升自我发展能力的愿望强烈

根据对调研样本农牧民的主要发展需求单项选择调研结果看，20.7% 农牧民反映贷款难，生产生活条件的改善需要信贷资金扶持；15.5% 的样本农牧民希望对交通路况进行改善，改变"晴通雨阻"的现状；15.4% 的农牧民在调研中反馈需要改变子女上学难的状况；13.9% 的样本农牧民希望进一步改善人畜饮水困难的现状，加强对沟渠整治力度；10.1% 的农牧民希望在发展农牧业生产过程中，给予籽种、农药、化肥、薄膜等生产资料的扶持；10.8% 的农牧民希望在特色产业培植扶持上给予切实帮助；另有 9.3% 接受调研的农牧民反映需要对就医条件进一步改善，其他需求的则有 4.3%（详见表 12 - 7）。可见，受援藏区农牧民对进一步改善生产生活条件、提升自我发展能力的需求仍较为强烈，藏区内生性发展动力仍十分强劲。

表 12 - 7　　　　　　　调研样本农牧民发展需求调研情况　　　　　（单位：%）

样本户需求	样本农户数	比例
信贷资金需求	73	20.7
改善交通路状需求	55	15.5
子女上学便利的需求	54	15.4
人畜饮水及沟渠治理的需求	49	13.9
农牧业生产资料扶持的需求	36	10.1
产业培植的需求	38	10.8
就医条件改善的需求	33	9.3
其他需求	15	4.3
合计	352	100

资料来源：根据《发达地区对口援藏与云南藏区提升自我发展能力研究》问卷数据库分析得出的统计数据。

四　结论和建议

（一）结论

通过典型地区调研及数据回归与统计分析，发达地区对口援藏对我国藏区经济社会发展起到积极促进作用，对藏区生产生活条件改善，农牧民发展观念转变起到一定的引领作用，尤其是对受援藏区提升自我发展能力，走内源式发展道路起到了积极推动作用。具体而言，农牧区基础设施得到改善，农牧业特色产业培植成效显著，农牧业总产值不断增长，农牧民收入不断提高，藏区贫困发生率不断下降；农牧区的交通、水利、电力等基础设施不断完善，经济社会发展基础不断夯实；农牧民就业增收渠道不断拓宽，农牧民教育素质不断提升，藏区"造血功能"不断增强，藏区与全国同步全面建成小康社会的步伐不断加快。

（二）建议

1. 进一步夯实经济社会发展的基础

将产业扶持作为对口支援的重点工作，提高产业扶持资金投入比例，增强产业帮扶项目的示范性、带动性。进一步探索实施以专业合作社、专业企业为龙头，以园区为平台，以主导产业为载体，以企业和贫困农户为主体的开发式帮扶新模式。加强水利、水土保持、基本农田和生态环境建设。在生态环境脆弱地区，通过打水窖、修建水库等设施，扩大水浇地等基本农田面积，发展雨水集流窖蓄微灌技术和灌溉节水技术。在对口援助的藏区继续完善农村道路、电网、饮用水工程等基本生产生活设施建设。

2. 走非均衡发展之路，促进藏区社会事业跨越式发展

民生为本，补足社会事业发展"短板"，走非均衡发展之路，促进藏区社会事业跨越式发展。继续科教文卫事业的对口帮扶合作。配套科教文卫等基础设施软硬件，配套新纲要示范村建设。继续推动人才干部培养，加强能力建设。完善干部挂职、培训制度。

3. 引进市场机制和企业参与，带动对口援藏地区提升发展能力

加强政府引导，以市场为主体，充分利用价格、利率等市场机制引导区域内资金、技术、人才等生产要素在地区间、产业间进行资源配置，不断推动区域经济合作向多层次、全方位、宽领域发展。发挥市场在资源配置的决定性作用，带动藏区提升自我发展能力。

第十三章

发达地区对口援藏与我国藏区提升
自我发展能力面临的问题
及对策建议

社会主义制度优越性、中华民族优良传统、独特政治文化和现实国情赋予对口援藏模式丰富的内涵和鲜明的中国特色。对口援藏是在中国特定政治生态中孕育、发展和不断完善的一项具有中国特色的政策模式；是党中央、国务院为加快藏区发展，维护藏区稳定，建设和谐藏区，缩小东西部差距，加强东西部交流的一项重要战略举措。共同富裕和服务于"两个大局"的思想是实施对口援藏的理论依据；科学发展观是指导对口援藏的强大思想武器；区域协调发展理论是对口援藏与东西部区域合作的理论基础。从和谐藏区建设的政治高度和提升自我发展能力的实际出发，我国藏区如何借发达地区对口援藏的外力，提升自我发展的内力，把政策与资源优势、外部帮扶内化为发展优势，整合资源，形成合力机制，从而促进我国藏区经济社会步入跨越式发展轨道，是当前需系统总结、归纳提炼和深入研究的课题之一。

一 作为东西部协作品牌，对口援藏政策效应与
藏区自我发展能力提升显著

在党中央、国务院的亲切关怀和大力支持下，施援的发达地区与受援的欠发达藏区双方党委、政府高度重视并强势推进援助与合作工作。对口援藏已成为东西部协作的一大品牌，援助与合作领域不断拓展和深化，受援藏区发展后劲不断增强，援助与合作有力促进了藏区经济社会发展、和谐藏区建设、民族团结进步和边疆繁荣稳定。西藏及甘青川滇四省藏区在发达地区对口援藏背景下，借外力、强内力、重合力，经济快速增长，产业优化升级，基础设施不断夯实，民生不断改善，社会事业"短板"不断补齐，生态安全屏障建设成效显著，援藏政策效应十分突出。结合农牧民问卷调研统计和

回归模型分析，发现发达地区对口援藏背景下，我国藏区自我发展能力提升较为显著。

二　对口援藏与藏区自我发展能力提升的过程中面临突出问题需引起高度重视

对口援藏过程中双方对支援与合作的内涵、外延的认识和示范引领有待提高；全面深化改革背景下，援藏与合作的工作方式、工作模式和空间范围仍沿袭"惯性"，缺乏创新，未切实给予藏区更多的项目"主导权"，援藏空间广度和区域合作深度拓展均有待加强。受"条块"制约，相关职能部门协作机制尚未健全，跨部门、跨区域协作困难。由于供需项目安排欠妥，帮扶对象与主体脱节，目标和期望存在偏差，对口支援与合作的"单相思"现象存在；政府主导型帮扶机制单一，市场化合作挖潜不够，创新动力不足，"帮扶疲劳症"现象突出；"等、靠、要""贫血症"现象尚未消除；重建轻管的"败血症"现象未引起重视，这"四症"突出，影响我国藏区的自我发展能力提升。重基础设施建设，轻产业扶持，输血与造血功能失衡。项目缺乏配套性，造成援助资源低效利用；支医支教可持续性不足，云南等部分藏区需求仍十分强烈；"门槛"高，接受培训和学习机会的可及性低。经济联动与区域合作深度不够，投资领域偏窄，互补优势和合作潜力尚未充分发挥；缺乏平台，社会参与和民间资本尚未有效撬动，援助与合作"蛋糕"尚未做大。

三　对口援藏与藏区自我发展能力提升要有新思路

施援的发达地区及云南等藏区主动服务和融入国家"一带一路"、长江经济带战略，贯彻落实中央第六次西藏工作座谈会精神，抢抓新时期精准扶贫精准脱贫政策机遇，坚持"四个全面"战略布局，坚持党的治藏方略，坚持"四个坚定不移"，坚持"依法治藏、富民兴藏、长期建藏、凝聚人心、夯实基础"的重要原则，按照"完善一大机制、搭建两大平台、打通三大通道、突出四大重点"总体思路，深化对口援藏和加强区域合作，一是依托高层互访、部门联席会议、对口援助区县、办公室日常沟通、挂职干部交流等载体，完善援藏与合作一大机制；二是筹建发达地区援藏合作促进会、共建产业园区两大平台；三是打通援藏部门间合作、对口区县的基层乡镇结对帮扶合作以及招商引资三大通道，形成部门联动机制，推动区县结对帮扶合作和承接发达地区产业转移；四是突出机构改革、基础设施建设、资源整合、产业支撑四大重点，基础为先、民生为本、产业为重，整合资源、增加投入，瞄准对象、精准扶贫，以提升藏区自我发展能力、促进藏区与全国同步全面建成小康社会为目标，以整乡整村推进、整族帮扶和连片带动为突破口，以优势互补为基础，市场为导向，资产为纽带，政策为支撑，建构全方位、宽领域、多层次对口援藏与合作新格局，推进精准援藏，促进发达地区对口援藏向经济社会全方位互动协作转变，打造东西部协作示范新窗口、新高地，谱写中国梦新篇章。

四　对口援藏与藏区提升自我发展能力要有新举措

一是提高认识，包容发展。施援的发达地区与受援的欠发达藏区双方要上升到国家"一带一路"、长江经济带战略、民族团结进步边疆繁荣稳定、和谐藏区建设、生态安全屏障建设等政治高度上，深刻领会国家东西协作、服从"两个大局"政策内涵，以合作共赢为愿景，基于包容性发展视角，明确援藏与合作的责任主体，主导权还给发展的藏区主体，提高援藏与合作的绩效。

二是加快推进机构改革，援藏配套衔接。援藏合作办公室主任由分管副省长（自治区副主席）或省（自治区）政府副秘书长兼任，增强统筹协调能力。建立定期联席会议制度，健全联动、互动机制，推动成员单位主动加强和配合援藏与合作，增强部门间政策的协调性、衔接性、配套性和有效性。

三是建立促进会，撬动社会参与。积极筹建对口援藏与区域合作促进会，建立援藏合作基金，拓展渠道，完善社会参与机制，有效撬动和吸引民营与社会资本，做大援藏合作"蛋糕"。社会参与机制重心下移，推进乡镇及街道办结对帮扶合作。

四是民生为本，加大援藏力度。继续深化教育、医疗卫生、文化、科技的对口支援与合作，着力推进"校校结对"帮扶机制，学前教育帮扶合作先行先试；借鉴沿海高校、中小学开办内地新疆班、西藏班的做法，开办"川滇甘青藏族班（民族班）"；恢复支教支医机制；着力推进"院院结对"帮扶机制，拓展延伸到省（自治区）州市级医院，推动医疗卫生合作共建，扩大远程培训网络，降低培训门槛，加强医疗卫生人才培养；援建一批科技文化站、村民活动室、社区服务中心、远程网络终端等公共服务设施，共建一批文艺交流与合作基地；在智能电网、生物医学、产业与环保节能技术等领域推进科技合作。继续推动人才干部培养，加强能力建设。建立双向人才交流机制，设立人才专项奖励基金；加强重点领域急需紧缺人才、高端人才和少数民族人才培训力度；完善干部挂职培训制度，重心下移，到对口发达地区的挂职干部可由处级向科级甚至村两委干部延伸。

五是整合资源，建立健全部门合力攻坚机制。统筹制定出台资源整合实施办法，整合力量，加强对口援助协同配合，以整乡（整村）推进为平台和抓手，精准扶贫，实施素质提升、产业培植、安居等重点工程，集中力量打歼灭战，提升对口援藏质量和水平；提高投入标准，实现财政资金、行业资金、帮扶资金、信贷资金有效增长。参照对口的发达地区 GDP、财政收入年均增幅，建立援藏与合作投入增长的长效机制。建议通过转移支付、项目支持和专项补助等渠道，促进双方共建生态安全屏障。

六是产业为重，建立有效的合作机制。双方应签订一个五年对口援助与经济合作战略协议，形成一种制度安排和长效机制。引进市场机制和企业参与，以市场为导向，以企业为主体，双方共建产业园区、经开区、边合区、跨合区，甚至沿边自贸区，推进对口部门、区县、产业园区及企业加强经济合作，实现区域联动、产业协同发展。创新招商方式，探索拓展金融招商、产业招商、股权招商等合作路径。突出重点，打造产业对口支援与合作品牌。以特色农业为突破口，以现代农庄为抓手，打造企农利益共同体和企村帮扶模式。利用"产权分离""生态移民＋产业支撑"和文旅产业开发等模式，通过小额信贷、财政贴息等途径，提升产业扶持比重。打造一批承接产业转移的基地，主动承接对口的发达地区产业转移。着力培育一批新型农牧民，改善生产生活条件，激发农牧民内生发展动力。

七是强化项目监督与后续管理。建立电子信息平台和项目信息库，实施项目全过程信息化管理，健全对口援助与合作项目申报、审批、拨款、验收和监管制度。加强后续项目管理，完善援藏与合作项目考核激励机制。

第十四章

深化沪迪对口帮扶合作　提升迪庆跨越发展能力

对口帮扶是在特定政治生态中孕育、发展和不断完善的一项具有中国特色的政策模式，是党中央、国务院为加快民族地区发展、维护民族地区稳定、缩小东西部差距、加强东西部交流的一项重要战略举措。经过30多年的发展，我国已构建起以政府为主导、社会广泛参与，多领域、多层次、多形式、多内容的对口帮扶格局。按照党中央、国务院关于扶贫开发及促进藏区发展的统一部署，上海市于2004年对迪庆藏区3个贫困县实施对口帮扶工作。截至2013年，上海对口援助迪庆藏区已经整整10年。

在此背景下，云南省沪滇对口帮扶领导小组办公室、云南省人民政府扶贫办沪滇处、云南省社会科学院农村发展研究所组成联合调研组，于2013年5月中下旬，对迪庆州及各县展开了系统调研，总结10年来上海市对口帮扶迪庆藏区的成效与经验，分析帮扶中存在的问题和困难，并提出借沪迪合作外力、强内力、重合力，找准对口帮扶与提升自我发展能力的思路和重点、优化援迪方式及内容、创新合作模式、拓展沪迪合作广度和深度、形成长效帮扶机制等对策建议，以继续调动沪迪帮扶与合作的积极性，进一步提高新时期帮扶合作和开发式扶贫工作的针对性、有效性，为深化沪滇对口帮扶合作、提升沪滇合作水平、促进迪庆藏区跨越发展提供决策参考。

一　对口帮扶的成效和经验

（一）取得的成效

10年来，上海市对迪庆藏区共投入计划内帮扶资金2.26亿元，实施了326个项目，在加快脱贫致富步伐、改善农村基础设施、培育壮大支柱产业、提高人口素质等都起到了积极的推动作用，上海对口帮扶已成为迪庆经济发展、社会进步的重要助推器，为迪庆实现跨越发展、长治久安注入了强大活力。在这10年期间，迪庆经济总量不断增加，发展质量不断提高，经济社会发展主要指标平均增幅保持在 20% 以上，各项主要经济社会指标增幅位列全省 16 个州（市）和全国 10 个藏族自治州的前列，成为全国藏区发展稳定的一面旗帜。

1. 农村贫困人口快速减少

对口帮扶中，上海市将改善迪庆藏区贫困农村基本生产生活、解决贫困人口温饱为重点，投入了大量扶贫资金，实施了大批扶贫项目，促使全州贫困人口由 2004 年的 16.87 万人下降到 2011 年的 7.7 万人，降低了 54.4%，减少了 9.17 万人；农村人口贫困发生率由 2004 年的 62.9% 下降到 2011 年的 25.6%，降低了 60%；农民人均纯收入由 2004 年的 1276 元增长到 2012 年的 4769 元，增长了 3493 元，年均增速高于全省平均水平 3.7 个百分点。

2. 农村基础设施极大改善

对口帮扶中，上海市以新农村建设为平台，以项目为载体，以水、电、路、气、房等基础设施建设与改善为重点，累计投入 1.31 亿元，实施了一批整村推进项目，带动了全州人口聚集村庄生产生活条件和人居环境的极大改善。

3. 农村社会事业明显改善

对口帮扶中，上海市关切与百姓密切相关的就学、就医等社会事业的发展，先后投入帮扶资金 7714 万元，实施了香格里拉中学、上海中学、州民族中专等学校的新建、改扩建及设施设备的提升，缓解了学生的"就学难"问题，同时提升了全州的教学质量；实施了州人民医院、香格里拉县计生服务站及十多个乡镇卫生院的基础设施建设和设施设备提升，一定程度上缓解了迪庆藏区农牧民群众看病难、看病贵的问题。

4. 农村产业建设初见成效

对口帮扶中，上海市也注重贫困农村"造血"能力的培育，以产业培育、开发为突破口，先后投入帮扶资金 1665 万元，支持和指导了一批特色农特产品基地、龙头企业、农民专业合作组织等，促进全州葡萄、中药材、核桃、牦牛、尼西鸡、野生菌等特色优势产业发展迅速。此外，在上海市的大力帮扶下，以碧罗雪山集团为代表的本地企业已经在长三角、珠三角等地区销售产品，市场不断拓展，同时有效地带动当地农牧民增收。

5. 基层干部群众整体素质大幅提高

对口帮扶中，上海市也注重人力资源的培养和开发，先后投入帮扶资金 114 万元，将农村致富带头人、农村技术能手、乡村医生等群体作为提升"造血"功能的关键，开展了多形式、多元化的培训和进修，进一步提升其服务农村的能力；将中小教师、基层公务员纳入人才培养体系，采用"走出去"与"请进来"相结合，通过挂职、交流、讲座、培训等方式，极大地拓展了其视野，提升了其能力。

（二）积累的经验

在推动迪庆藏区经济社会快速健康发展的同时，沪迪对口帮扶形成了经济、干部、教育、科技、医疗卫生等多内容、宽领域的援助方式，探索了以民生改善为重点、以制度建设为保障、以项目实施为载体、统筹当前与长远的机制和模式，初步构建起"政府援助、人才支撑、企业合作、社会参与"的对口帮扶工作格局。

1. 健全决策统筹机制

领导重视是做好对口帮扶工作的重要保证。沪迪对口帮扶，依托沪滇帮扶合作的省级领导互访制度和省际协作联席会议制度，做出对口帮扶的思路、原则、主要任务、重点内容及保障措施等一系列的重要决策，同时配合国民经济和社会发展规划、扶贫开发规划及年度实施计划等，按照"省做统筹、州负总责、县抓落实"的原则，形成对口帮扶的目标任务。

2. 完善责任分解机制

组织落实、责任分解是贯彻决策部署、做好对口帮扶的重要支撑。根据对口帮扶的行政级别、内容及部门归属，进一步审定计划、落实项目、分解任务，以"三区三县"结对帮扶为平台，明确各级政府和各个部门的责任，一方面抓紧沪迪对口帮扶部门的衔接，加强信息的沟通；另一方面以签订工作责任制的方式，抓好迪庆藏区州与县、县与乡、县与各个部门、乡与村的层层落实，保障帮扶项目及时落地、及时开工。同时，建立项目管理机制，由上海合作交流办制定了对口帮扶项目的管理办法。

3. 建立整合推进机制

以整村推进、整乡推进为方式的扶贫开发涉及扶贫、财政、发改、国土、民宗、农牧、交通等多个职能部门，且对口帮扶资金也只是整村、整乡推进资金的一部分。加强资金整合和部门整合是保证项目实施和质量的关键。在整合推进中，迪庆藏区形成了以村为单元、以县领导为指挥长、以工程进度为要求、部门整合、各计其功的整合推进机制。

4. 强化监督协作机制

加强监督协作是保障项目资金安全、工程质量安全和干部廉政的重要环节。在项目实施过程中，迪庆藏区形成了上海驻迪办公室、各个部门、施工单位、村民代表共同参与、相互协作、独立监督的监督协作机制，有力地保证了项目进度和质量。

5. 探索跟踪反馈机制

跟踪反馈是提高对口帮扶项目针对性和适应性的重要手段。在项目整个过程中，迪庆藏区的各涉及部门都要建立相应的"痕迹档案"，及时分析和总结各种项目选择、实施及推进中存在的问题、取得的经验等，同时上海驻迪和驻昆办事处也定期汇编帮扶简报供上海各对口帮扶单位参看，让援助方及时、客观地了解项目进展、效益等情况，保证援助方和受援方信息的无障碍沟通。

二 对口帮扶面临的新问题

沪迪对口帮扶合作在双方党政领导的重视和推动下，取得了长足的进展，但实施过程中也面临一些新情况、新问题，需引起高度重视。

（一）农村贫困呈现新特征

经过 20 多年的扶贫开发，迪庆藏区普遍贫困问题已基本解决。随着国家提高贫困标准至 2300 元，全州贫困人口增加到约 18 万人、农村贫困发生率提高至 60% 左右，而且现有的贫困人群多集中在海拔 3000 米以上的生态脆弱区，且居住分散、脱贫致富手段不多，贫困人群呈现"多集中、少分散"的新特征。加之，迪庆藏区农牧民生活习惯而导致的恩格尔系数长期偏高，全州扶贫攻坚碰上难啃的"硬骨头"，脱贫减贫任务艰巨。

（二）扶贫成本逐年增高

迪庆藏区地处偏远，交通条件不便，扶贫项目的建设成本一直远高于其他地区。而近些年，随着钢筋、水泥、木材等主要原材料价格的上涨，以及农村用工价格的提升和油价上涨抬升的交通成本，扶贫开发项目成本逐年提升，扶贫攻坚投入的需求不断增大。而且集中办学、生态移民等新情况的出现，更是加重了新时期扶贫开发压力。

（三）整合协作力度不够

虽然当前迪庆藏区已经初步构建起了多内容、跨部门的整合协作机制，但是由于各个部门的规划目标、资金到位、项目进度、实施效果等方面的差异，部门之间尚未形成统一规划、有机整合、无缝协作的局面。此外，由于援助方与受援方之前在"条块"结合和沟通不到位，以至于"供需"双方在项目的安排上存在差异、出现重复建设等问题。

（四）规划制定与实施不规范

帮扶工作和项目规划的制定是一项业务性、科学性和协调性要求较高的工作，由于各部门衔接不畅、时间较紧，规划的项目并非完全符合迪庆各地实际及贫困人群的现实需求。因此，在实施过程中，很多项目因配套资金和选址滞后被迫延长工期，有的项目则在签订后难以落实、被迫改变内容，还有不少项目在实施过程中夭折。

（五）区域和领域分配不均

从目前迪庆藏区对口帮扶的县域分布来看，很多援建的学校、医院等民生项目多集中在州府及县城所在地，而偏远乡（镇）、村社的项目和资金安排较少。从项目的内容来看，10年来，迪庆藏区帮扶基础设施建设项目的资金过多，占据了近60%，而真正关切百姓切身利益的社会事业项目和长远发展的产业项目资金的分布仅占全部帮扶资金的34.1%和7.4%。

（六）监督与评估机制不完善

规范有效的监督与评估机制是对省际间支援工作优化的重要保障。现行针对沪迪对口帮扶工作的监督内容还不完整，缺乏绩效监督的相关内容。此外，对口帮扶工作的组织落实、统计和督办力度还有待进一步加强，针对学习交流、挂职培训、产业扶持的考核评估内容还有待完善。

（七）帮扶和合作结合不够

当前，沪迪对口帮扶工作主要还是按照中央的有关要求，完成沪滇政府间对口帮扶的"规定动作"，而实现"帮扶"与"合作"并重，开展"政府搭台、企业唱戏、优势互补、互利合作"的深度合作还远远不足。

三　深化沪迪对口帮扶合作促进跨越发展能力提升的建议

在国家实施新十年扶贫开发、推进藏区集中连片扶贫开发和促进藏区跨越发展的背景下，沪迪对口帮扶在思路上要继续遵循"政府主导、各方参与、优势互补、市场运作、互利合作、共同发展"的原则，围绕"民生为本、产业为重、规划为先"的主线，立足上海和迪庆的实际，统筹扶贫开发、改善民生与增强"造血"功能，坚持外部扶持与培育内生发展机制"双轮驱动"战略，借外力、强内力、重合力，找准对口帮扶与提升自我发展能力的切入点，推进援迪方式调整，创新合作模式，拓展沪迪合作广度和深度，进一步提高新时期帮扶合作和开发式扶贫工作的针对性、有效性，着力夯实基础，强化产业支撑，补足社会事业发展"短板"，增强迪庆藏区跨越发展的能力。

（一）实施连片扶贫开发和生态移民工程

根据迪庆集中连片扶贫开发的实际，继续探索和实施塔城镇和康普乡整乡推进试点。继续总结奔子栏镇和塔城镇生态移民工程的经验及困难，着力将生态移民补偿纳入沪迪对口帮扶项目库。着手开展全州亟须进行生态移民村社的调查、可行性研究及前期立项准备工作。

（二）建立对口帮扶资金动态增长机制

在沪迪区县对口帮扶计划内资金每年不低于 1000 万元的基础上，参考迪庆州农村 CPI（居民消费价格指数）变动水平、全国 PPI（工业生产者购进价格指数）、劳动力成本等因素，及时调整对口帮扶资金额度，形成对口帮扶资金动态调整机制。同时，比照援疆力度，继续加大沪迪帮扶资金投入力度。

（三）强化整合协作力度

在沪滇省际联席会议的基础上，进一步加强沪迪组织落实"条块"部门的任务分解与沟通衔接，努力做到信息上加强交流、资源上相互共享、工作上协调联动，建立定期召开协调会议和专题会议制度，协调解决问题。在项目落实中，建立州、县两级层面的整合机制，将各州（县）、各部门及对口帮扶资金进行整合，在州县两级统筹资金和项目；鉴于迪庆州扶贫工作的任务重、协调难度大，建议提高州、县扶贫办主要领导的行政规格，可兼任州副秘书长、县政府办副主任等，形成"扶贫部门为头、其他涉及部门为翼"的"雁型"协作推进格局。

（四）科学制定和合理实施规划

建立沪迪对口帮扶规划审核委员会，由上海和迪庆双方相关专家和政府领导组成，到实地全面考察项目规划的紧迫性、科学性和可行性，审定项目及投资，并将帮扶合作有机纳入两省市经济社会发展大局，严格按照规划内容分解年度任务和工程进度。提高对口帮扶资金及省级配套资金到位率，鉴于因迪庆气候条件导致的施工时间短且紧的问题，建议将帮扶启动资金到位时间调整至每年 6 月之前。

（五）合理公平配置帮扶资源

在项目的地区安排上，着力实现由州府、县政府所在地向边远乡（镇）、村和基层倾斜。在项目的内容上，着力实现由项目建设型援助向智力型援助转变。在管护好基础设施的基础上，逐步提高社会事业、产业帮扶及人力资源开发方面资金的帮扶比重。继续加强对县、乡集中办学的中小学校及卫生院的帮扶力度，继续改善学校及医院的设施设备，着力推进"校校结对""院院结对"帮扶机制。继续提升人力资源开发质效，在培训新农村建设、教育、卫生、信息化、商贸流通等重点领域急需紧缺人才和少数民族人才的基础上，着力将挂职交流干部向科级干部、中高级专业技术人才延伸，将村"两委"班子纳入培训范围，同时兼顾州级部门干部的交流与培训工作。

（六）完善考评和反馈机制

完善挂职交流干部、专业技术人员的考核内容和考核办法，促使其学有实效。在完善沪迪政府反馈机制和网络的同时，加强对援助企业的反馈和宣传，可依托交流挂职干部和当地媒体，进一步增进对援助企业的信息反馈，加强对援助企业的鼓励和宣传。

（七）加大合作力度

在加大沪迪对口帮扶力度的基础上，努力实现政府单项援助型向政府援助、企业合作双向合作型转变，强化沪迪合作机制，拓展沪迪合作空间。将迪庆州资源优势与上海市人才、资金、技术、市场、管理等优势结合起来，在旅游业、优势矿产业、特色农畜产品加工业、特色中药材等特色优势产业开发方面加强交流与合作，借助上海市政府"市场帮扶、产业帮扶"的有效平台，继续促进迪庆绿色、有机、特色产品开发；建立和完善产业帮扶资金滚动使用机制，扩大产业帮扶受益群体，提升扶持效益；探索建立沪街道办与迪县乡层面的对口帮扶关系，扩大与实体企业直接合作机会；建立沪迪帮扶奖励激励机制，通过现金奖励与税收、信贷等政策优惠，继续推进沪迪企业经济合作，实现互利共赢、共同发展。

下 篇

案例研究

第十五章

上海市第六批援藏江孜县日朗生态移民整体搬迁案例调研

2012年6月12日，课题组赴西藏调研过程中，对日喀则市江孜县日朗乡生态移民搬迁安置新村展开调研。上海市第六批援藏江孜县日朗生态移民整体搬迁项目，始于2010年，是上海市第六批援藏江孜小组和江孜县委、县政府根据江孜县日朗乡、卡麦乡因自然条件差、无充足水源、长期受干旱、农牧民生活困难，共同开展的援藏民生工程之一，也是贯彻落实中央第五次西藏工作座谈会精神的具体行动。

一　项目概况

"日朗"，藏语意为"山寨"。日朗生态移民整体搬迁项目区位于江孜县东侧，离县城17公里，平均海拔4100米，搬迁户共有40户、199人，其中日朗乡29户、113人，卡麦乡11户、86人。

项目建设推进中考虑到困难户家庭人口等实际情况，将户型分大、中、小型三种类型，其中大型户6户，每户占地面积为480平方米，建筑面积为282.28平方米；中型户12户，每户占地面积为448平方米，建筑面积为234.28平方米；小型户22户，每户占地面积为352平方米，建筑面积为184.98平方米，搬迁区总占地面积33888平方米（包括道路、绿化、宅基地），建筑占地面积为16720平方米，道路1761米，绿化1200平方米，户均居住面积134.9平方米，人均居住面积27.12平方米，政府配套开荒耕地面积700亩。

二　项目投入情况

日朗乡整体搬迁项目工程通过政府配套补贴，受益百姓自筹（劳动力、建材）、援藏资金补助等形式，筹集资金约740万元（其中援藏投入为370万元），集中解决了40户、199人（其中日朗乡29户、113人，卡麦乡11

户、86 人）藏族群众的家庭住房和农业用地问题，从而改善了农牧民的居住条件，提升了农牧民群众的生活质量，详见表 16-1。

表 16-1　　上海市第六批援藏江孜县日朗生态移民整体搬迁项目投入情况

序号	项目名称	投资费用（万元）
（一）上海援藏投入		370.0
1	建筑安装工程费	259.5
（1）	道路硬化	129.7
（2）	挡土墙	21.7
（3）	防洪堤	33.2
（4）	排水沟	38.0
（5）	绿化	13.0
（6）	温室	20.9
（7）	圆管涵	3.0
2	工程建设其他费用	21.9
3	整体搬迁费	58.9
4	工程预备费	25.9
5	其他	3.8
（二）安置房、耕地等各级政府及群众自筹投入		370.0
1	国家补助按户均 1.2 万元	48.0
2	地区配套每户 500 元	2.0
3	县政府配套资金	86.5
4	防震加固每户 5000 元	20.0
5	安居整户资金	120.0
6	全县干部职工捐款	24.0
7	群众自筹	30.1
8	政府配套开荒地投入等	39.4
合计		740.0

三　项目成效明显

日朗生态移民整体搬迁工程，是上海市第六批援藏江孜小组和江孜县委、县政府根据日朗乡、卡麦乡自然条件差、水源匮乏，长期受干旱等实际困难实施的一项民生工程，是贯彻落实中央第五次西藏工作座谈会精神的具体行动。该生态移民搬迁工程的实施，对于改善搬迁区藏牧民群众生产生活条件、帮助他们实现脱贫致富将起到积极作用。搬迁新村的道路硬化、绿化建设、给排水、安装电路、沼气、温室大棚、农业机械等配套设施和生产发展规划已列入第六批援藏项目。项目实施过程中，因地制宜、科学规划，着力治理农牧区"脏、乱、差"，实现"八通"目标，并与改水、改厕、改灶相结合，进一步美化绿化人居环境，40户农牧民住上了美观、实用、安全的新安置房，搬迁户居住环境明显改善。通过建温室大棚，示范种植大棚蔬菜，转变农牧民观念和意识，注重"输血"和"造血"并重，借对口援助外力，不断提升发展内力。一个"生产发展、生活宽裕、乡风文明、村容整洁、管理民主"的日朗整体搬迁新村新貌已展现在世人的面前。

第十六章

上海对口帮扶云南迪庆藏区的调研报告

　　对口帮扶是国家统筹东西部地区协调发展、缩小地区差距、支持民族欠发达地区经济社会发展的重大举措。1996年上海与云南的思茅市（现普洱市）、文山壮族苗族自治州、红河州建立对口帮扶协作关系。在此背景下，2004年迪庆被列为上海重点对口帮扶地区之一，上海市嘉定区、宝山区对口帮扶迪庆藏族自治州香格里拉县、德钦县和维西县。2011年，进一步建立上海与迪庆"三区三县"对口帮扶机制，即上海市嘉定区、宝山区、闵行区分别对口帮扶云南省迪庆州德钦县、维西县、香格里拉县。9年来，上海对口帮扶有力地促进了云南迪庆州贫困人群脱贫，为加快实现迪庆州经济社会协调发展提供了制度保障。本章将在总结沪迪对口帮扶发展历程的基础上，总结上海对口帮扶迪庆的主要措施、成效，挖掘成功的经验和存在的问题，并为下一步发展提供对策和建议。

一　主要阶段及特点

　　2004—2013年，沪迪对口帮扶以农村基础设施建设和产业扶持为主要内容，以改善生产条件、增加农民收入为重点，以增强迪庆藏族自治州自我发展能力为主要目标，不断探索帮扶模式，经历了从小规模零星扶持向推动区域经济统筹发展转变，从单纯的业务部门扶贫向上下结合、各级各部门密切协作转变，从单一的经济合作向项目投资、产业转移、金融帮扶等多领域拓展，取得了显著成效。按照上海对口帮扶内容、力度及形式的变化，将这九年分为三个阶段：

　　第一阶段：2004—2005年，帮扶机制初步建立时期。2001年国务院扶贫开发领导小组办公室制定了《中国农村扶贫开发纲要（2001—2010年）》，在继续坚持开发式扶贫基本原则的基础上，提出将农村扶贫开发瞄准最贫困的人群和最贫困的村庄，并以整村推进为基本手段，以此来引导扶贫资源的输入方向和重点，提高扶贫开发工作的针对性和有效性。云南省在消化吸收国家有关政策精神和要求的基础上，结合自己的省情特点，提出了以自然村为单元，推进扶贫开发整村推进工作。2001 年启动安居温饱示范村建设，同年启动第一批 22 个民族特困乡扶持计划，2003 年，在全省扶贫开发中启动整村推进项目。

在此背景下，这一阶段沪迪对口帮扶的主要内容是结合安居温饱示范村建设工程、民族特困乡扶持计划、整村推进工程等项目，从各地实际出发，以自然村为基本单元，把基本农田、人畜饮水、道路、社会事业改善等方面作为建设重点，着力改善基本生产生活条件，提高抵御自然灾害的能力。

第二阶段：2006—2008 年，帮扶机制完善时期。在此期间，国务院扶贫办部署了"一体两翼"战略的新要求、中央出台了推进新农村建设、加快山区综合开发、实施中低产田改造计划、百亿斤粮食增产计划、农民收入翻番计划等关于"三农"工作的重大决策部署。对于云南而言，虽然前一阶段的扶贫开发工作取得了一定的成绩，但是扶贫攻坚面临的解决温饱与巩固温饱的双重压力比以往更大，五大矛盾进一步凸显，具体表现为：贫困人口的绝对数量大；贫困人口和其他人群收入差距呈扩大趋势；边疆民族地区贫困严重；因灾返贫现象突出，减贫速度也明显减缓；扶贫投入与需求的矛盾进一步加剧。在此背景下，云南省委、省政府提出了新一轮扶贫开发的思路：以贫困人口为基本对象，以贫困村为主战场，以改善基本生产生活条件和增加收入为重点，以统筹城乡发展、建立和谐社会为目标，坚持解决温饱和巩固温饱同时推进，坚持贫困农村的经济、社会发展共同进步，坚持开发式扶贫和让贫困人口直接受益同步进行。扶贫开发被当作是建设新农村、实现城乡统筹发展、促进全省城乡经济社会协调发展的重要措施和内容。

在此背景下，沪迪对口帮扶的主要特点是：以整村推进为主要帮扶方式，呈现点多、面广、分散的特征。围绕云南省扶贫开发领导小组办公室"关于加强扶贫开发'整村推进'工作的实施意见"的要求，沪迪对口帮扶项目主要围绕：全村农民人均纯收入跨越温饱标准，人均占有粮食 300 公斤以上；通过坡改梯等形式，人均建成 1 亩以上的稳产基本农田（地）；贫困农户居住的毛草房和杈杈房基本得到改造；基本解决人畜饮水困难；户均有 1—2 项稳定可靠的增收特色产业项目；有条件的配套建设 1 口沼气池或节能灶；有条件的户均输出 1 个劳动力；基本解决适龄儿童入学难和贫困群众看病难问题；基本实现村村通简易公路和村间道路基本硬化。围绕解决迪庆州贫困地区群众的"基本生产、基本生活、基本教育、基本医疗"，坚持以实施整村推进为重点，以增加贫困群众收入为核心，实施基本农田、人畜饮水工程、道路、产业扶持、社会事业改善和村级领导班子等方面的建设。同时，完善对口帮扶的方式，将智力扶持加入到对口帮扶的内容中，派出医生、教师、领导干部到上海进行学习和培训。

第三阶段：2009 年至今。为了克服整村推进过程中基础设施建设的分散性和重复建设，提高贫困地区特色产业的集中度，扶贫开发手段需要不断创新。2009 年 5 月，整乡推进试点工作启动。2010 年，《中共云南省委、云南省人民政府关于加快边远少数民族贫困地区深度贫困群体脱贫进程的决定》更加清晰地提出了"资源大整合、社会大参与、群众大发动、连片大开发"的扶贫开发思路，并明确了各有关部门的具体责任。同年 9 月，低保与扶贫衔接试点工作启动；年末，中央西部大开发提出云南三大片区及藏区连片开发总体规划。除整村推进这一主要形式外，云南开始试验示范"整合资金、统筹政策、整村推进、连片开发""整乡推进""县为单位、整合资金、整村推进、连片开发"等多种扶贫推进方式，"大扶贫"时代到来。2012 年 3 月，省长办公会召开，省政府决定以藏区集中连片特殊困难地区扶贫开发为核心，进一步加大对口帮扶力度，支持迪庆州打好新一轮扶贫开发攻坚战。

这一阶段沪迪对口帮扶的主要特点是：坚持因地制宜、分类指导、集中集聚、突出实效的方针，践行"大扶贫"思路，以产业培育、提高扶贫开发水平为重点，瞄准一个到两个扶贫开发重点乡镇，连续几年持续投入。目的在于整合资源，集中投入，提升帮扶项目的示范效应，放大扶贫开发工作实效。此外，产业化扶贫被放在了沪迪对口帮扶中更加突出的位置，大力发展乡村特色产业，以促进畜牧、经济林果、药材等吸纳农民就业见效较快、促进农民增收的骨干特色产业发展为重点，加大对龙头企业和农村专业户、普通农户的扶持力度。

二　主要做法及措施

沪迪对口帮扶 10 年来，上海市委、市政府认真落实中央藏区工作会议精神，在迪庆投入了大量人力、物力、财力，以项目为抓手，不断完善合作机制和政策保障，旨在夯实迪庆州发展基础，形成了点面结合、统筹规划、分类指导、综合发展、整合资源、协调互动的对口扶贫开发工作格局。

（一）不断创新和完善帮扶协作工作机制，提高对口帮扶效率

在沪迪对口帮扶的过程中，初步建立决策机制、管理机制、协调机制、反馈机制，确保了沪迪对口帮扶工作的"无缝"对接和顺利开展。具体表

现为以下几点。

1. 完善滇沪对口帮扶合作联席会议制度

云南—上海对口帮扶协作领导小组每年召开一次联席会议，两省市形成了双方高层领导的互访协调机制，共同编制帮扶合作五年规划，明确各项工作任务和措施，按照有思路、有规划、有机制、有创新、有成效的"五有"要求，拓展合作领域，创新合作方式，有效推进两省市帮扶合作工作。

2. 建立对口帮扶协调领导机构

双方分别成立由省（市）领导牵头的对口帮扶合作领导小组，下设办公室，负责协调、落实各项帮扶合作任务。

3. 强化管理

上海市对口云南帮扶协作领导小组办公室和云南省沪滇对口帮扶协作领导小组办公室出台了各级工作责任制和项目跟踪反馈等制度和管理办法，加强对项目实施计划的审定和跟踪。

4. 加强信息沟通

定期将迪庆州信息汇总到上海市政府驻昆明办事处，以信息简报的形式刊发，对于沟通信息、总结经验、审定计划、落实项目起到重要的保障作用。

（二）以产业化扶贫优化配置生产要素，增强对口帮扶的示范和引领作用

产业化扶贫是沪迪对口帮扶的重要内容，2004—2014年，围绕优势产业、龙头企业、农户、基地、科技、市场等不同生产要素，沪迪对口帮扶共完成产业开发项目57项，投入帮扶资金3162万元。主要措施及做法如下。

1. 通过劳动力培训，为贫困农户提供科技扶持

针对贫困地区贫困群众需要，在贫困地区重点选择扶持一批与地方特色产业发展相结合的科技项目，整合扶贫、农业、劳动保障、教育等部门资源，通过认真组织实施好"百万民工培训工程""科技扶贫示范"等项目，建立输出、输入的互动机制，大力开展订单、定向、定点培训，增强培训的针对性，提高培训转移就业的比例。

2. 通过技术推广、培训示范、科学普及等多种途径，注重贫困农户的能力建设

一方面，将示范基地积极引种、试种科技含量高，经济效益好的农牧业品种，在引种、试养成功的基础上再向农民推广。因地制宜培植和扶持发展产业，在高海拔地区示范畜牧养殖产业和种植玛咖产业；在迪庆州山区半山区示范推广经济林果和药材产业，发展特色经作；沿澜沧江一线推广种植葡

萄等产业；沿金沙江一线试点推广油橄榄产业；同时在城郊乡镇、村庄推广蔬菜、畜禽产业。另一方面，在示范基地讲解和集中培训，让农民实地掌握优势产业生产管理技术和相关农业知识。此外，聘请科研院所和大学的专家教授为"科技顾问"，每年来基地县、乡为贫困户授课培训和现场指导生产，帮助贫困户解决在扶贫生产中遇到的各类技术难题。

3. 扶持龙头企业和农民专业合作组织

按照因地制宜的原则，通过信贷支持、扶贫资金投入、优惠政策等措施重点培育、扶持和发展起一批竞争优势足、带动能力强、经济效益好的农产品龙头企业和农民专业合作组织。引导龙头企业与贫困农户、产业基地相连接。主要通过与龙头企业签订产销合同，引导和组织贫困地区农户，按专业化、规模化和标准化方向建设优势产业基地。

（三）以项目为抓手，实施对口帮扶项目一体化管理

沪迪对口帮扶过程中，为了合理使用有限而稀缺的项目资金，杜绝对口帮扶资金不到位，或者是被相关机构"截留""挪用"的现象，建立了一个涵盖项目前期论证、初期评定审查、中期跟踪检查、后期盘点督查的全程监督、动态管理的工作机制。

1. 从各地实际出发申报项目

由乡（镇）根据自身发展的需要和实际困难申报项目，县沪滇领导小组进行项目前期论证，制订出详细的计划方案，排出时间节点、资金使用规模、检查验收标准、负责单位和责任人，并且及时将计划方案上报汇总到迪庆州扶贫办和上海市驻迪庆联络组。沪迪对口帮扶确定的援建项目不得随意变更，建设内容和标准不得擅自调整。如项目需调整、变更，必须报请沪滇对口帮扶项目迪庆州领导小组同意并批复后方可进行调整变更。

2. 资金分期足额拨付

按照对口支援协议，上海合作交流办按项目进度把市、区对口帮扶专项资金及时足额拨付到位，帮扶项目启动前预拨40%左右资金，项目实施中期拨付40%左右资金，项目验收合格后拨付20%左右的尾款。资金拨付由上海市政府合作交流办将资金划拨至迪庆州扶贫办，由迪庆州扶贫办和上海市驻迪庆联络组按照项目进度及所需的资金如数拨付到各县扶贫办及相关单位。

3. 扶贫项目资金按照进度及时组织审核和验收

按照扶贫资金"谁使用，谁负责"的管理原则，县政府对扶贫资金管理使用、安全运行、廉政负全责。对新农村建设整村推进项目，主要由县、乡自行验收；新纲要示范村、规模化产业发展项目由省沪滇对口帮扶合作领

导小组组织专家测评或交叉检查。县扶贫办组织对项目建设质量和进度进行检查和督促，及时组织验收、结算、审计，并提交完整的项目报告反馈至迪庆州扶贫办，上海市政府合作交流办公室负责对对口帮扶项目给予指导。

4. 大力推行资金拨付、管理和使用的公告、公示和报账制度

在乡（镇）政府、村所在地醒目位置公告、公示项目实施内容、组织实施部门、投入资金数量、资金来源、建设进度、群众投工投劳等情况。依靠广大群众和社会舆论的监督，保证资金分配、管理、使用的各个环节公开透明。对监督部门发现的问题，依法严肃处理，并将结果通过媒体予以公示。

（四）以整村推进为抓手，聚焦农村基础设施

沪迪对口帮扶将农村基础设施建设作为主要内容，包括农业生产基础设施、农民生活基础设施以及农村社会事业基础设施。其中，农业生产基础设施主要涉及农田水利设施、部分农业生产工具设施、农业生产技术服务设施等，农民生活基础设施主要涉及农村交通、通信设施、饮水、排水设施、能源设施等，农村社会事业基础设施主要包括教育设施、医疗卫生设施、文化娱乐设施等。沪迪对口帮扶主要采用了以下两种形式来推进农村基础设施建设。

1. 以自然村为单元实施整村推进

为了提高扶贫的针对性和有效性，基于迪庆州贫困人口"大分散、小集中"、片线并存的特点以及特殊的自然条件特征，沪迪对口帮扶将整村推进的单元下移到自然村，以便使有限的扶贫资源更有效地投入贫困面大、贫困程度深的区域和农户。

2. 探索整乡推进

2009 年以后，为了进一步完善扶贫战略和对口帮扶措施，开始尝试在一个到两个乡镇的范围内推行整乡推进，由此打破了村界，一个乡（镇）一个乡（镇）地解决贫困问题，形成带动性大、支撑能力强的大项目，推动工作力量向贫困地区集中、引导资金向贫困地区聚集，促使扶贫开发的带动辐射效应成倍放大。同时，有利于在更大区域内谋划布局产业发展，形成跨区域、上规模的"一村一品""一乡一特"的特色优势产业，促进农民长远脱贫增收。

（五）以智力扶持和科技扶持为重点，加大教育、医疗对口帮扶

在教育对口帮扶方面，2004—2014 年，共投入对口支援资金 11106 万元，实施了 101 个项目。其中，完成州、县学校建设 72 项，投入对口支援教育的资金 8559 万元；建设完成乡（镇）学校 6 所，上海投入对口支援资

金 1200 万元；建设完成村级学校 22 所，上海投入对口支援资金 1347 万元。建成了一批以迪庆州民族中学、香格里拉中学等为代表的教育帮扶项目，助推迪庆州"普九"义务教育目标的实现和巩固，推进了迪庆州教育事业的跨越发展。

在人力资源开发上，上海先后选派挂职干部 5 批 20 人、支医工作队 9 批 50 人、支教工作队 9 批 125 人、青年志愿者 89 人，到迪庆州开展挂职干部锻炼、支医支教工作。迪庆州每年选派中小学骨干教师、校长到上海师资培训中心接受轮岗学习和培训；选派 143 名县处级干部在上海的嘉定区、宝山区进行挂职锻炼，423 名干部到上海接受短期培训。在医疗卫生帮扶方面，上海市 2004—2014 年共投入对口支援医疗卫生事业的资金为 5067 万元，累计实施了 85 个卫生项目。其中，建设完成州、县医疗卫生项目达 34 项，投入对口支援资金 3615 万元；建设完成乡（镇）卫生室有 7 所，投入对口援助资金 800 万元；建设完成村级卫生室 44 个，投入对口支援资金 652 万元。这些项目资金集中用于州中医院、藏研院、香格里拉妇幼保健院、乡（镇）卫生院、村级卫生室等业务用房、基础设施建设以及医疗设备的采购等。另外，上海还组织医疗服务队到迪庆开展对口"帮带"，上海交大第三附属医院对口帮扶香格里拉人民医院，开展远程技术指导。这一系列医疗卫生对口支援的项目实施，有力地推动了迪庆州医疗卫生事业的发展。

三　主要成效

2004—2014 年，上海对迪庆州的发展给予了全方位的支援和帮扶，10 年来上海市对迪庆藏区累计投入了对口支援的资金达 47854 万元，扶持和实施了对口支援项目共计 714 项。其中，计划内投入对口支援项目达 514 项，投入援迪资金达 36582 万元；计划外对口支援迪庆州的项目达 200 项，投入援迪资金 11272 万元。其中：完成新农村建设项目 319 项，投入新农村建设资金 18946 万元，项目涉及全州 3 县、11 乡镇、47 个村委会、582 个村小组、农户 15794 户、农牧民 70572 人。上海对口支援迪庆州新农村建设，在改善迪庆农村基础设施建设、培育壮大支柱产业、加快脱贫致富步伐等领域起到了示范带动作用，增强了迪庆州自我积累、自我发展的能力和后劲。

（一）贫困发生率降低，区域内部差距变小

沪迪对口帮扶通过大力实施整村推进和产业扶贫等重点扶贫项目，迪庆州贫困人口从 2007 年年底的 11.76 万人下降到 2010 年年末的 6.12 万人，减少了 5.64 万人，贫困发生率由 39.2% 下降到 19.6% 左右。虽然由于 2011 年贫困标准大幅提高，从 2010 年的 1274 元/人提高到 2300 元/人，贫困标准的改变带来了贫困人口数量、贫困发生率的大幅反弹，2011 年迪庆州贫困人口数量为 19.91 万人，贫困发生率为 63.7%，但是不能掩盖沪迪对口帮扶对于贫困人群脱贫、减贫所发挥的成效，到 2014 年迪庆州贫困人口减少到 11.58 万人，贫困发生率下降至 36.38%。2007 年迪庆州的贫困发生率为 39.2%，全省为 16.5%，迪庆州比全省平均水平高了 22.7 个百分点；到了 2010 年，迪庆州的贫困发生率下降到 19.6%，全省为 8.6%，差距缩小为 11 个百分点。贫困标准提高后，2011 年迪庆州的贫困发生率为 63.7%，全省为 27.1%，迪庆州比全省平均水平高了 36.6 个百分点。经过几年持续对口帮扶和扶贫攻坚，到 2014 年迪庆州的贫困发生率比全省平均水平高了 20.89 个百分点（详见表 17 - 1）。

值得强调的是，上海对口帮扶减轻了迪庆州内部经济发展的不平衡。从 2007 年到 2014 年的 8 年间，德钦县的贫困发生率是迪庆州最高的，而香格里拉县是最低的。2007 年，德钦县贫困发生率高于香格里拉 14.2 个百分点，此后这一差距逐年降低，2014 年降到了 5.62 个百分点（详见表 17 - 1）。

表 17 - 1　　　　　迪庆州贫困发生率分布情况　　　　　（单位：%）

年度	2007	2008	2009	2010	2011	2012	2013	2014
香格里拉县	33.7	27.9	26.8	17.3	57.9	45.12	40.03	31.89
德钦县	47.9	41.2	39.8	23.9	74.2	53.60	47.75	37.51
维西县	40.3	35.1	33.7	19.9	64.6	55.62	47.38	39.72
迪庆州	39.2	33.4	32.1	19.6	63.7	51.31	44.66	36.38
全省	16.5	15.3	14.7	8.6	27.1	21.58	17.74	15.49

资料来源：2007 年、2008 年数据依据国家统计局云南调查总队《2008 年云南省农村贫困人口分县测量结果表》相关数据整理，2009 年、2010 年数据依据国家统计局云南调查总队《2010 年云南州市县及分类农村贫困监测情况表》，2011 年数据依据《2011 年云南州市县及分类农村贫困监测情况表》相关数据整理，2012—2014 年数据来源于《云南领导干部手册（2013—2015 年）》。

全州农牧民人均纯收入由 2004 年的 1276 元增长到 2014 年的 5865 元，增长了 4589 元，年均增速高于全省平均水平 1.7 个百分点；经济总量不断增加，发展质量不断提高，经济社会发展主要指标平均增幅保持在 20% 以上，各项主要经济社会指标增幅位列全省 16 个州（市）和全国 10 个藏族自治州的前列，成为全国藏区发展稳定的一面旗帜。

（二）迪庆州贫困程度减轻

一方面，迪庆州内部各县的贫困深度指数均走低，且均为负值，意味着贫困程度缓解，迪庆州的贫困深度指数从 2007 年的 -1.14339 到 2010 年的 -1.62716，虽然由于 2011 年贫困标准提高导致贫困深度加重，但是 2011—2012 年贫困深度又有所缓解；另一方面，与全省贫困程度的差距大幅缩小。2007 年藏区的贫困深度指数比全省平均水平高 0.764761，2012 年，这一差距缩小为 0.281739（详见表 17-2）。

（三）农户自我发展能力得到增强

2004 年以来沪迪对口帮扶在很大程度上激发了农民的生产积极性，从而为农业生产的稳步发展、农民收入的持续增长打下了坚实的基础。从农民收入水平来看，实施对口帮扶以前，1993—2003 年，迪庆州农民人均纯收入从 487 元增加到 1116 元，年均增长率为 8.6%，而全省从 675 元增加到 1697 元，年均增长率为 9.7%，迪庆州农民人均纯收入水平慢于全省。

表 17-2   迪庆州贫困深度指数

年度	2007	2008	2009	2010	2011	2012
迪庆州	-1.14339	-1.16973	-1.45485	-1.62716	-0.78478	-1.07348
香格里拉县	-1.24555	-1.25418	-1.5301	-1.66719	-0.77304	-1.11609
德钦县	-1.13027	-1.18729	-1.46154	-1.64678	-0.83565	-1.23304
维西县	-1.04873	-1.06355	-1.3704	-1.56593	-0.73696	-1.01174
全省	-1.90815	-1.81689	-2.30435	-2.18838	-1.05304	-1.35522

资料来源：2007 年、2008 年数据依据国家统计局云南调查总队《2008 年云南省农村贫困人口分县测量结果表》相关数据整理，2009 年、2010 年数据依据国家统计局云南调查总队《2010 年云南州市县及分类农村贫困监测情况表》，2011 年数据依据《2011 年云南州市县及分类农村贫困监测情况表》相关数据整理。

自 2004 年实施沪迪对口帮扶以来，迪庆州农民人均纯收入从 2004 年的 1276 元增加到 2014 年的 5865 元，年均增长率为 16.5%，而与此同时，全省从 1864 元增加到 7456 元，年均增长率为 14.8%。从迪庆州与全省农民人均纯收入差距来看，2003 年全省农民人均纯收入是迪庆州的 1.5 倍，到 2014 年这一差距缩小为 1.3 倍，这表明：在上海对口帮扶的作用下，迪庆州农民人均纯收入增长速度显著加快，与全省平均水平差距明显缩小（详见图 17-1）。

（四）区域自我发展能力明显增强

沪迪对口帮扶紧紧围绕农村基础设施建设和产业发展扶贫项目，实现了富县又富民的效果。从经济总量看，2014 年迪庆州实现地区生产总值

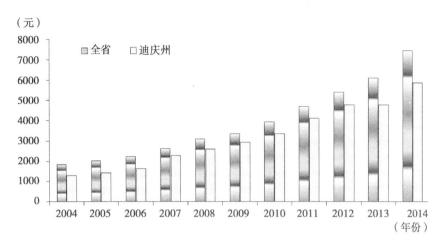

图 17 - 1　2004—2014 年迪庆州农民人均纯收入增长变化情况

数据来源:《迪庆州统计年鉴》(2005—2015 年)。

147.21 亿元,按可比价格计算比 1978 年增长了 294 倍,年均增长速度为 17.1%,同期全省地区生产总值年均增长速度为 15.6%,迪庆州略快于全省 GDP 增长速度。但进一步看,我们发现,2004 年实施沪迪对口帮扶以来,迪庆州经济发展速度大幅加快,从 1978 年到 2003 年,迪庆州 GDP 的年均增长速度为 14.1%,同期,全省为 15.4%,迪庆州慢于全省经济发展速度;2004—2014 年迪庆州 GDP 年均增长速度大大提高,达到 20.2%,而全省仅为 15.8%。

从迪庆州 GDP 在全省经济总量的比重来看,2004 年以前迪庆州 GDP 占全省的比重经历了 1978—1988 年的持续上升、1989—1998 年的不断下降以及 1999—2003 年的缓慢回升、2004—2014 年快速提高四个时期,这一比例从 1978 年的 7.25‰上升到 1988 年的 9.7‰,于 1998 年跌落到最低点 4.11‰,后缓慢回升到 2003 年的 5.55‰,继而飞跃到 2014 年的 11.49‰ (详见图 17 - 2)。这一过程充分证明:沪迪对口帮扶明显改善了迪庆州群众生产生活条件,迪庆州经济发展基础夯实,区域自我发展能力显著增强。

四　主要经验

沪迪对口帮扶过程中积累了很多经验,值得推广。

(一) 建立和完善了对口帮扶工作目标责任制

一方面,调整充实了扶贫开发领导小组,由主要领导担任领导小组组

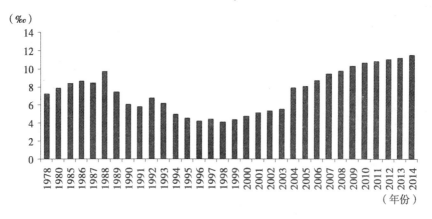

图 17 - 2　主要年份迪庆州 GDP 在全省的比重分布

数据来源：根据《迪庆州统计年鉴》（1979—2015 年）整理而得。

长，实行扶贫开发党政一把手负责制。县级层面成立了由常务副县长为组长，县扶贫办主任为副组长的扶贫开发工作领导小组，同时各乡镇也相应成立了由党政一把手牵头的工作机制，各项目点至少由一名副科级人员挂帅，真正使对口帮扶工作成为一把手工程。另一方面，实行对口帮扶工作目标责任考核制。把扶贫工作纳入年度目标考核的主要内容，把扶贫开发工作落实到单位，把扶贫开发工作纳入县、乡镇年度扶贫目标责任考核之中。

（二）制定科学合理的村级规划

在整村推进项目建设工作中，立足乡情、村情，规划充分考虑各自的基础现状和扶持力度，体现各村的特点，做到"一村一特色"，既考虑如何迅速解决项目实施村贫困人口的温饱问题，又考虑如何提高农民的收入，同时着眼于提高全村群众的生活质量，推进社会主义新农村建设。

（三）整合资金，提高资金使用效率

本着"规划在先、统筹安排、各司其职、各负其责、渠道不乱、用途不变、相互配套、形成合力"的资源整合使用原则，有效整合各种资源，通过建立领导和单位挂钩帮扶责任制、部门帮扶工作机制、企业挂钩帮扶联系制、挂职扶贫干部驻村帮扶责任制等形式，充分发挥政府引导和支持扶贫企业及其他扶贫组织成为扶贫组织资源的作用，在政策允许的范围内，积极为帮扶村投资，解决影响重点村群众生产生活的突出问题。将省补助投入、对口帮扶资金、部门整合资金、机关挂钩扶贫、易地扶贫开发、水利资金、发展和改革资金、农业发展资金、交通补助资金、林业资金等各类扶持资金集中到整村推进项目中使用，建立了财政资金引导各类社会资本包括金融资本、工商资本、民间资本等投向对口帮扶的机制。

（四）坚持长中短相结合的原则开展产业扶持

在引导贫困地区农户发展产业项目时，既保证短期收益，又兼顾长远效益；既发展传统产业，又要因地制宜发展新型产业，沪迪对口帮扶中实施了长远重点发展以核桃为主的干果产业，中期重点发展以野猪、生猪、黄山羊等为主的畜牧产业，近期重点发展以药材种植为主的种植业，确保了农户收入的稳定性。

（五）采用循环扶贫模式来扶持农户发展种养业，放大资金的扶贫效应

在扶持农户产业发展的过程中，采取"先重点扶持积极性高、有技能、有条件的农户，然后按年按比例回收产业资金，继续扶持其他农户，实现产业资金滚动使用"的产业发展模式。以维西县康普乡为例，乡政府与村"两委"签订责任状，村"两委"再与农户签订协议，保障项目责任到人，同时，由乡政府统一采购黄山羊种羊投放给当地养羊户，三年后，养羊户按协议分批次归还种羊或购买种羊的资金，并向村里提交收益的30%作为村集体资金，政府又将种羊投放给其他养羊户，如此形成"以羊还羊"的滚动式产业发展模式。

（六）探索建立基础设施维护机制

对口帮扶项目完成后，由于缺乏后续管理和维护，许多基础设施如沟渠、道路等出现使用寿命缩短，无人看管，以致国有资产流失。为了解决这些问题，一些乡镇探索实施了项目后续管理分片负责制，将新修道路按村民小组为单位进行划分，村"两委"与村民小组签订协议，实现各段公路各负其责，村"两委"不定时检查路段的清扫、保通等工作，遇到某路段塌方或滑坡阻断交通现象，责任范围内的村民小组必须负责抢修，从而强化了公路后续管理，提高了项目使用效率。

五　存在的主要问题

上海对口帮扶迪庆虽然取得了显著的成效，但仍然存在诸多问题，具体如下。

（一）产业扶持资金不足，弱化了对口帮扶的效果

一是基层政府重基础设施建设，轻产业扶持。整村推进是目前对口帮扶工作的重中之重，具体包含六大建设内容，第一项就是"改善基本生产生活条件的基础设施建设"。虽然也对产业化提出了具体意见，但具体落实起来，基层政府都会把整村推进中的基础设施建设作为首选。由于以改善群众

生产生活条件为目的的基础设施建设，是目前重点扶贫村在发展过程扶贫中迫切需要解决的问题，也是新农村建设中的重要内容，因此在实际工作中，这些村庄对于基础设施建设要求尤为迫切，扶贫资金被用于修路、修渠等也成为不二之选，相比较而言对于发展产业的积极性不高。尽管编制项目规划时，每年扶贫部门都要把发展一定的产业项目作为硬性规定，但是由于扶贫资金的有限性，2006—2012 年，上海对口帮扶迪庆共计投入计划内帮扶项目资金 22564 万元，其中，产业开发项目投入帮扶资金 1665 万元，所占比例仅为 7.4%，投入产业项目的资金"杯水车薪"。

二是迪庆产业发展水平低，基础差，难以同上海开展产业合作。虽然迪庆州的部分企业在上海享有免收摊位费等优惠，但由于其农产品品牌特色不明显，价格高，生产规模小，无法持续供货，缺乏竞争优势。

三是产业发展后续资金不足，导致产业扶持项目效果大打折扣。由于产业扶持项目效益的产生，需要配套资金，甚至长期投入。比如被列入迪庆州重点产业之一的核桃产业，从种植到挂果，需要 5—8 年的时间，但由于天气干旱，产业扶持项目资金"捉襟见肘"，难以支付灌溉设施的修缮和维护费用，导致挂果周期越来越长，经济效益低。

（二）项目管理体制不畅，影响了实施进度和效果

虽然沪迪对口帮扶建立了一整套项目管理制度，但是由于以下几方面原因导致项目实施低效：

一是重项目申报，轻项目前期调研。由于部分乡镇对项目前期工作重视不够，简单规划，对项目规划缺乏深入细致的调查，导致项目实施后，不能严格按照规划实施，中途申请变更，既影响进度，又影响实施效果。

二是项目规划缺乏前瞻性，投入散，容易造成重复投资、资源低效使用。比如教育设施，有教师向调研组反映："有了体育馆，没有设施，有了设施，没有图书，几年过去了，还是不能投入使用。"又如实施集中办学前，推进新农村建设的时候建设了崭新的小学，尚未投入使用，实施集中办学后校舍闲置，造成了前期投入资金极大浪费。

三是资金到位滞后，影响项目实施进度。从资金拨付的程序看，每年年初，制定项目规划，然后沿着"村级→乡级→县级→州级→沪迪合作办→沪昆合作办→上海市政府合作交流办"这个程序往上申报，项目规划可行性研究一旦通过审核，调整余地小，资金必须严格按照申报项目来使用。每年 7 月、8 月资金拨付，次年 4 月、5 月进行项目审核。由于资金拨付时间晚，配套资金到位慢，以及迪庆州特有的气候条件，每年 11 月进入冬季，不能进行施工，影响了工程进度和评估。

四是基础设施后续管理滞后，公共产品私有化问题突出。由于对口帮扶项目完成后，诸如水管、党员活动室等，由于缺乏后期管理维护，一旦村两委干部更换，极易变成私有财产，变相导致国有资产的流失，造成扶贫后返贫。

（三）扶贫成本高，投入水平低，资金缺口大

一方面，随着物价水平的不断升高，劳动力成本、运输成本、物资价格不断上涨，加大了项目建设成本，直接导致部分项目调整或减少工程规模，影响了项目建设的总体规划；另一方面，由于藏区处于生态限制开发区，保护森林成为了主要任务，在一定程度上导致农牧民收入来源的减少和贫困程度的加重。加之，藏区现有贫困人口都集中分布在边远贫困地区、深山区、高海拔地区，地质灾害多发区或生态功能脆弱区，山区耕地资源质量差，农业生产率水平较低，贫困人群居住分散，交通不便，水、电、路等基础设施建设所需资金远远高于平原或交通便利地区，导致扶贫难度大、成本高，脱贫后极易返贫，现有的扶贫投入水平只能解决温饱，不能解决脱贫需求。

（四）对口帮扶项目的供给与农民的实际需求存在较大差距

一些基层干部向调研组反映："群众对扶贫工作理解不到位，有抵触情绪"，而课题成员在调研中也发现：社区群众对于扶贫项目工作的实施知之甚少，这说明：沪迪对口帮扶中，由于缺乏农民作为受援主体的参与，或者说农民在这一决策过程中"失声"，影响了对口帮扶项目实施效果。由于青壮年劳动力大量外出务工，留守农民个体素质不够高，他们难以参与政府的公共决策，对自身利益和需求难以进行表达。作为基础设施需求者的农民和供给者的政府缺乏全面的、准确的、必要的信息交流，进而导致决策难以满足农民的需求，无法充分发挥农民的主体作用。于是，政府本意是增加农村基础设施的投入，极易出现决策失误，导致部分农民的不理解、不支持。

（五）教育、医疗对口帮扶项目"美中不足"

从教育对口帮扶来看，虽然上海每年选派一些教师到迪庆开展助学，但由于教师所属学科缺乏连续性和衔接性，给受助学校带来教学安排上的困扰（通常是安排固定教师负责学生从入学到毕业的全过程）。从医疗对口帮扶来看，由于缺乏专业人才，事实上州级医院很难招收大学毕业生，在此情况下，只能加强对现有人才的培训。但是，由于培训门槛高，要求副高以上的医疗技术人员才能参加培训，导致绝大部分医疗技术人员都无法去上海进行学习。事实上，即使去了上海，短时间的培训也不一定能学到真本领，远程医疗辅助诊断设施的不足和学习培训门槛高成为影响医疗对口帮扶效果的两大"硬伤"。

六　对策建议

（一）应将对口帮扶的政策导向调整到产业扶贫上来

扶贫部门要将工作精力从整村推进的基础设施建设中转移到指导重点村的产业发展上来，一是制定重点村的产业发展规划。产业发展要与当地产业布局要求相结合，与当地资源利用相结合，与产业基础相结合，与群众意愿相结合。因地制宜确立重点村产业建设方向，不同海拔、不同土壤、不同气候条件、不同区位等发展不同的特色产业，规划明确产业发展五年内要达到的规模，每个年度要达到的效果等。二是要明确基础设施建设和产业扶贫的扶助资金数量。在大量增加对重点村扶贫资金的基础上，明确扶贫资金用于基础设施建设和产业扶贫的数量。重点村用于基础设施建设的资金应不少于现有水平，用于产业扶贫的资金应不少于基础设施建设的资金。三是处理好产业化扶贫与生态保护之间的关系，兼顾经济效益、生态效益和社会效益。产业开发的同时，要有利于生态保护，如若片面强调产业开发，则会破坏生态环境。四是对产业扶贫中表现出来的具有典型和推广意义的示范户，应在政策上明确，给予重点扶助。五是用产业发展规划的实施情况来衡量、考核重点村的整村推进工作。采取资金随着产业走的方法，在保证重点村每年得到基本产业扶助资金的同时，设立产业发展奖励基金，对产业发展规划和实施效果好、产业壮大快的重点村给予资金上的重奖，调动各地尤其是重点村发展产业的积极性。

（二）引入"参与式"方法，建立以农民为主体的对口帮扶机制

参与式方法的主要特点是参与主体参与决策、使用、评价和监督的全过程。政府在决策中要充分尊重社区居民的权利，倾听他们的意见，由他们决定项目实施的方法和内容。在项目的选择上坚持自下而上的原则。通过召开村民大会、成立由村民选举产生的项目实施领导小组等方式，通过村民代表会对项目资金做到统筹安排，充分发挥村民的积极性和主动性，把发言权、分析权、决策权交给受助方，从而最大限度地满足村民对于基础设施建设的需求，提高资金的使用效率。在项目建设过程中，尽可能多地吸收农民参与施工，直接获得劳务收入，同时，吸收一些有技术、有经验的农民参与工程监理，对项目管理和资金使用情况及时进行公示，保证群众的知情权和监督权。通过这些改革，真正使农民成为对口帮扶的权利主体、受益主体、建设主体、监督主体，工作中一些固有的矛盾和困难也都得到了有效的解决。

（三）实施生态移民，增加资金使用方式和用途的灵活性

为了解决目前贫困人群扶贫成本高、难度大的问题，建议采用生态移民的方式将这部分人群从原来交通不便利、高海拔、生态脆弱、分散居住的区域，统一搬到交通便利、地质灾害少、较低海拔地区集中居住。按照基层扶贫工作人员的计算，对于这一特殊群体的对口帮扶，若想达到"搬下来，住下来，稳下来"的目标，从耕地平整、安居房建设、入户道路通达、水电等配套设施建设，每户平均需要投入90万元左右。从现有的扶贫投入水平来看，每个整村推进重点村的扶贫投入水平为50万元左右，与贫困区域人群脱贫所需投入水平相去甚远，需要各方资金，统一实施。上海对口帮扶资金使用方式需要有以下改进：一是将上海对口帮扶资金拨付时间提前到每年的4月、5月。二是建立上海对口帮扶资金投入规模与迪庆藏区GDP增长速度相挂钩的制度。最近五年来迪庆州GDP年均增长率保持在16%以上，考虑到物价上涨、扶贫成本的增加、扶贫目标的实现，上海对口帮扶迪庆的资金规模宜按照8%—10%的年均增长率递增。三是简化项目规划申报程序。四是降低资金使用用途的限定性，给予迪庆州基层部门更多的资金使用灵活性，利于整合各渠道资金，统一实施生态移民。

（四）优化教育和医疗对口帮扶机制，提高资源的使用效率

对于教育对口帮扶而言，一是保持上海支教老师学科上的衔接性和连续性，以学科承包的办法带动迪庆州教育水平的提升；二是增加基础设施建设规划的前瞻性和完整性，提出项目规划时，不仅要考虑到外部硬件设施的建设，同时要考虑到内部软件设施的配套，"既要面子又要里子"，提高资金使用效率；三是继续加强骨干教师、校长的轮岗学习与培训，延伸对教育骨干和校长的培训，不仅要"走出去学习"，而且要"请进来上课"。同时，优选一批上海较好的学校与迪庆相关学校建设"友好结对学校"。

对于医疗卫生帮扶而言，一是降低人才培训门槛，尽量让中职以上人员有机会参加短期培训；二是进一步增强智力支持，上海选派一批专家和技术人才到迪庆医疗机构开展现场指导和示范；三是针对地方性疑难病开展短期性讲座、培训，开展技术专题交流；四是针对乡镇设备设施滞后、老化、短缺，加强设备力度支持。

（五）提高迪庆州贫困线标准

由于特殊的地理位置和消费结构，迪庆州农牧民的食物消费存在着"吃得多、花得多"的情况。由于藏区地处高海拔地区，因高原生存所需，农村居民满足基本温饱所需食物热量比全省平均水平高，饮食结构以牛羊肉、青稞、酥油为主。此外，藏区物价水平高于全省平均水平很多，导致了

藏区农牧民恩格尔系数偏高，用于购买食品的支出比全省平均水平高出许多，如德钦县2010年农村居民的恩格尔系数高达56.3%，比全省平均水平的47.2%高出了9.1个百分点。所以，根据藏区农牧民日常热量消耗值等计算，建议将迪庆州贫困线标准提高到6000元左右。

（六）填补政策真空，完善干部挂职、培训制度

继续选派、培训干部，加强州级、企事业单位干部的培训，以解决2011年以来州级干部没有渠道和机制去上海挂职的问题；同时，延长上海派往迪庆挂职干部的期限，由两年增加到三年，有利于考核工作成效。此外，挂职干部由处级向科级甚至村两委干部延伸，探索开展各级干部的专题培训，提升干部管理素质和能力；加强人才引进和培养工作，尤其是工业、金融、城市规划等迪庆急需人才的培养。

第十七章

整合上海宝山区对口帮扶资金推进生态移民

——以维西县塔城镇其宗村农布布底生态移民新村为案例

生态移民建设是一项民生工程、民心工程，它为生活在恶劣环境的居民改善了基础设施条件、生存环境和生活质量，让移民"迁得出、稳得下、富得起来"。维西县人民政府扶贫办根据迪庆州扶贫开发领导小组有关文件要求，结合维西实际，立足县情，整合上海宝山区对口支援资金，对塔城镇其宗村农布布底生态移民新村进行建设，围绕"保护群众生命财产、减少贫困人口、增加群众收入"这一目标，使项目建设点的贫困面貌得到明显改善，自我发展能力得到极大提升。

一　基本情况

（一）塔城镇基本情况

塔城镇地处维西、香格里拉、德钦、玉龙四县交会结合部——世界自然遗产国家级风景名胜"三江并流"区腹地，是白马雪山国家级自然保护区维西萨马阁保护区核心地带。镇政府驻地距县城保和镇66公里，距州府香格里拉121公里，距省城昆明720公里，国土资源面积807平方公里。全镇辖7个村民委员会，120个村民小组，2011年年末，全镇总户数3504户，总人口15830人（其中农业人口14918人，占95%）。居住地最高海拔2850米，最低海拔1920米，境内属中温带低纬季风气候，夏秋雨热同期，冬春日光充足，四季分明，气候温和，年平均气温15°C，年平均降雨量850毫米，适合种植粮食和经济作物，盛产稻谷，有"鱼米之乡"的美称。全镇总耕地18857亩，其中旱地13829亩，水田5028亩。境内居住着以藏族为主体民族的纳西（其中有隶属纳西族支系的玛里玛萨人）、傈僳、彝、回、白、普米、汉等8个民族。

（二）生态移民项目区基本情况

塔城镇其宗村夫拉统是一个山体滑坡严重、自然村组面临搬迁的村落，居住环境山高坡陡，交通不便，农业人口文化程度偏低，思想观念落后，生产方式粗放。现分散居住村民 31 户，总人口 124 人，其中，贫困人口 124 人、深度贫困人口 104 人，人均纯收入 2050 元，人均占有粮食 350 公斤，人畜饮水困难 104 人，大小牲畜 391 头（匹、只），住房简易农户 31 户。按照新农村建设标准对其进行集中安置，由原住地夫拉统整体搬迁至农布布底，目前项目建设主体工程已基本完成。

二　生态移民新村建设的指导思想和基本原则

（一）指导思想

以邓小平理论和"三个代表"重要思想为指导，深入贯彻落实科学发展观，提高扶贫标准，加大投入力度，把连片特困地区作为主战场，把稳定解决扶贫对象温饱，尽快实现脱贫致富作为首要任务。坚持统筹发展，以促进就业、增加收入、改善民生、加快发展为核心；坚持政府主导，以专项扶贫、行业扶贫、社会扶贫为支撑。更加注重转变经济发展方式，促进贫困地区可持续发展；更加注重提高人的综合素质，增强扶贫对象自我发展能力；更加注重解决制约发展的突出问题，努力实现项目区更好、更快发展的新局面。

（二）基本原则

1. 坚持瞄准深度贫困村的原则

加大对深度贫困村的投资力度，充分发挥深度贫困村资源优势，改善民生，缩小差距，促进全县经济社会和谐发展。

2. 坚持财政扶贫资金与其他涉农资金整合使用的原则

在中央和省级财政扶贫资金补助的基础上，州、县两级财政配套一定比例的扶贫资金，充分利用财政资金"四两拨千斤"的作用，按照来源不变、渠道不乱、捆绑使用的原则，整合涉农部门的项目资金，吸纳民间资本，积极动员群众投工投劳，集中投入试点区域，加大整体投入扶贫力度。

3. 坚持生态移民搬迁与藏区专项扶贫开发相结合的原则

以易地安置为手段，结合县域经济发展规划，围绕扶贫开发目标任务，按照安居山、水、田、林、路、电、村综合治理的要求，实施连片开发，以点带面、辐射带动、全面推进。

4. 坚持扶贫开发与区域经济发展相结合的原则

以扶贫开发为切入点，结合区域经济发展的特点和项目区域的实际要求，以产业为支撑，以科技为动力，以效益覆盖为目标，提高劳动者素质，按照可持续发展的思路，逐步培植支柱产业群体，加快区域经济发展，使贫困农户稳定增收。

5. 坚持就地扶持与易地搬迁相结合的原则

维西县高山多，土地少，再加上人口稠密，很难集中安置，受地质灾害严重影响的群众只能插花安置，针对其宗村夫拉统村民小组安置点较平整的特点，实施集中易地搬迁安置。

三 生态移民新村的主要建设内容

自 2004 年上海宝山区对口帮扶维西以来，塔城镇成为沪滇对口帮扶项目的重点帮扶乡镇。建设农布布底生态移民新村项目总投资 679.64 万元，其中，藏区专项扶贫资金 300 万元，部门整合资金 247.2 万元，上海帮扶资金 15.5 万元，群众自筹与投工投劳折资 116.94 万元。项目区通过农网改造、通路建设、易地扶贫、村内道路硬化、民房建设等项目的建设，使其宗村夫拉统高半山区的安居、通路、通水、通电等基础设施建设得到了极大改善，村民生产生活条件得到明显提高，最大可能地实现人口、资源、环境可持续发展。主要建设内容有以下几个方面。

（一）道路建设

新建卫生路 1200 米，总投资 80 万元，其中：藏区专项投入资金 78 万元，群众自建 2 万元。

（二）通电工程

村民小组农网改造 1.1 公里，总投资 21 万元，其中：易地扶贫资金 21 万元。

（三）通水工程

村内新建 2500 米 2 寸钢管人畜饮水管网；进户管 1500 米；5 立方米水池 11 个；30 立方米水池 1 个；2 立方米水池 3 个；1 立方米水池 3 个；2100 米三面光（20 米×30 米）沟渠建设。总投资 100 万元，其中：国债和财政易地 79 万元，群众投工投劳折资 21 万元。

（四）安居工程

村内 31 户搬迁户住房建设，总投资 416.64 万元，其中：藏区专项扶贫资金 200 万元，游牧定居 108 万元，易地搬迁资金 39.2 万元，群众投工投劳折资 69.44 万元。

（五）农村能源

村内安装太阳能 31 户，沼气池 31 个，总投资 21 万元，其中：藏区资金 15.5 万元，群众投工投劳折资 5.5 万元。

（六）产业开发

在产业扶持上，项目点种植核桃 230 亩，总投资 10 万元，其中：藏区专项扶贫资金 6.5 万元，群众投工投劳折资 3.5 万元。

（七）畜圈建设

项目点实施畜圈建设总投资 31 万元，其中：上海帮扶资金 15.5 万元，群众投工投劳折资 15.5 万元。

四 生态移民新村建设项目的实施成效

维西傈僳族自治县人民政府围绕全面建设小康社会的宏伟目标，牢牢把握"一体两翼"扶贫发展战略和"桥头堡"建设的良好机遇，以稳定解决温饱并尽快实现脱贫致富为首要任务，以统筹城乡发展提高自我发展能力为工作重点，以深度贫困自然村为基本单元，以少数民族贫困地区的深度贫困群体为主要对象，按照"统一规划、明确责任、集中力量、整体推进"的思路，采取"分类施策、分步实施、连片开发"的措施，使塔城镇其宗村生态移民项目区贫困面貌得到了明显的改善，自我发展能力得到了较大的提升，切实有效地解决了少数民族地区贫困人口脱贫和深度贫困人口的温饱问题。同时，村级组织得到加强，社会更加和谐稳定，呈现出生产发展、生活好转、乡风文明、村容整洁、社会和谐的喜人景象。

（一）经济效益

维西县生态移民新村建设共解决 1 个村民小组，31 户，124 人的生产生活条件，解决 124 人贫困人口、104 人深度贫困人口温饱问题。

（二）社会效益

通过生态移民新村建设的实施，农业水利生产基础设施、农村生产生活基础设施、社会公益事业和农村生态能源建设均得到了一定程度的改善，农村居民生产生活条件得到显著提高，村容村貌发生巨大变化，村民文化生活也得到了明显改观，各项社会事业将长足发展，基层组织的凝聚力和战斗力也将进一步增强。

（三）生态效益

项目区通过农网改造、通路建设、易地扶贫、村内道路硬化、民房改造，使生态环境得到明显改善，最大可能地实现人口、资源、环境可持续发展，人与自然和社会的和谐发展。

五 基本经验

（一）实行党委、政府工作责任制

在县委、县政府的统一领导下，实行乡镇党委、政府，村"两委"、农户和县级部门密切配合，相互联动，形成合力，全力推进生态移民新村试点建设工作有序开展。即由县委、县人民政府与片区乡镇党委、政府、县级各部门签订"生态移民新村示范点"项目建设工作责任书，乡镇党委、政府与村"两委"签订项目建设责任书，村"两委"和自然村及农户签订项目建设协议书。

（二）实行部门配合协调机制

各部门必须服从和服务于"生态移民新村试点建设"工作大局，最大努力整合项目资金，做好技术服务。县"生态移民新村试点建设"开发领导小组要定期或不定期召开协调会议，对项目进行总结分析，对工作中存在的问题进行研究解决。凡因部门项目资金整合不到位，工作措施不力造成工作进展缓慢的，由领导小组向全县进行通报，限期未整改的，由县委、县政府追究单位主要领导责任。

（三）实行部门定点挂钩贫困村制度

在原县级部门挂钩贫困村制度的基础上，重新调整实力雄厚、项目资金来源渠道宽的部门挂钩项目区贫困村，从人力、财力、物力、技术、信息等各方面支持项目区建设，实行"党政机关干部＋科技人员＋能人＋农户"机制。

（四）实行企业帮扶责任制

动员县级龙头企业和项目区企业积极帮扶项目区开发建设，实行"公司＋基地＋农户"的发展机制。同时县委、县政府与企业签订帮扶目标责任制。

（五）实行无偿资金滚动使用、贴息和小额信贷扶贫结合制度

充分利用现行扶贫政策和"专业协会＋农户"的发展模式，创新机制，提高财政专项资金、信贷扶贫资金的使用效率，为贫困群众发展产业、增收致富，提供有力保障。

六　结论

　　通过生态移民新村试点工程的实施，使项目区达到"六化""五有""四提高""三作用"的扶贫开发效果。"六化"即：项目区村组建设规范化，项目区村组道路硬板化，项目区环境生态化，项目区产业结构合理化，项目区家家户户能源洁净化，项目区群众生产生活科学化；"五有"即：项目区有功能齐全的基础设施建设，项目区有大小适中的文化娱乐活动场所，项目区有依靠科学致富的带头人，项目区有良好的社会风气和发展氛围，项目区有符合时代要求的精神风貌；"四提高"即：农民收入大幅度提高，农民整体素质明显提高，基层组织的凝聚力、号召力、战斗力显著提高，农民运用科学技术水平明显提高；"三作用"即：项目的实施具有典型作用，具有示范作用，具有辐射带动作用。

第十八章

加大上海市对口支援吉迪村"三区"联动建设力度 提升自我发展能力

上海实施对口帮扶工作以来，香格里拉县经济社会快速发展，扶贫攻坚取得重大突破，为全县民族团结、社会稳定、脱贫致富做出了重要贡献。

为落实中央新的扶贫开发工作精神，上海对口帮扶工作提出新农区、新牧区、新社区"三区"联动建设思路，并以香格里拉县建塘镇吉迪村作为"三区"联动建设示范点，通过7年的建设，促进吉迪村贫困人口加速脱贫，提升吉迪村自我发展能力，为云南藏区与全省同步实现小康社会提供示范引领。

一 建设背景及重要性、必要性分析

（一）吉迪村概况

云南省迪庆州香格里拉县吉迪村委会距香格里拉县城 31 公里，交通便利，海拔 3300 米，年平均气温 5℃，年降水量 1100 毫米。适宜种植青稞、马铃薯、油菜等农作物。耕地面积 6157.23 亩，人均耕地 2.2 亩；有林地 272645.1 亩。全村辖区 17 个村民小组，农户 503 户，农村人口 2772 人；乡村劳动力 2023 人，其中，男劳动力 879 人，女劳动力 1144 人。

2013 年全村农村经济总收入 1259.8 万元，其中：农业收入 481 万元、林业收入 8.6 万元、牧业收入 29.9 万元、运输业收入 33.8 万元、商饮业收入 4.6 万元、服务业收入 6 万元、其他收入 695.9 万元。农民所得总额 1050 万元，农民人均纯收入 3783.6 元。该村属于贫困村，农民收入主要以种植业、畜牧业、采集松茸为主。

截至 2012 年年底，全村有 429 户通自来水，有 70 户饮用井水，有 498 户通电，有 102 户通有线电视，拥有电视机农户 280 户，安装固定电话或拥有移动电话的农户 80 户，其中拥有移动电话农户 30 户，499 户住房为土木结构。

(二)"三区"联动建设的重要性和必要性

1. "三区"联动建设是加快脱贫步伐、缩小发展差距的现实需要

基础设施差、产业支撑弱、生态任务重是制约吉迪村脱贫与发展的突出问题，具有云南藏区贫困的共性特征。实施"三区"联动建设，即建设新农区、新牧区、新社区，将进一步增强全村发展的产业、人才、设施、资源等基础，加快全村脱贫步伐，缩小发展差距，同时为云南藏区推进综合扶贫积累经验。

2. "三区"联动建设是建设美丽乡村、幸福家园的有力支撑

美丽乡村、幸福家园应该是"生产发展美、生态环境美、生活富裕美、乡风人文美"的有机统一，是涵盖建设布局合理、基础设施完善、生态环境优美、产业特色明显、社会安定和谐、农民幸福健康的系统工程。实施新农区、新牧区、新社区"三区"联动建设，将深入实践生态立州战略，推进全村物质文明、政治文明、精神文明、社会文明、生态文明全面发展，同时为云南藏区美丽乡村和幸福家园建设示范引领。

3. "三区"联动建设是维护民族团结、社会稳定的可靠保障

吉迪村与县城发展差距大，村庄藏民之间贫富差距大，严重威胁民族团结与社会稳定。实施新农区、新牧区、新社区"三区"联动建设，将进一步改善村民安居、就业、上学、看病等民生问题，增进民生福祉，夯实团结稳定的群众基础，为云南藏区建设民族团结进步、边疆繁荣稳定示范区提供借鉴。

4. "三区"联动建设是落实沪滇对口帮扶合作新机制和新格局的有效载体

沪滇对口帮扶合作第十四联席会议提出，有思路、有规划、有机制、有创新、有成效的"五有"机制和"民生为本、产业为重、规划为先"的原则，构建政府、部门、社会各界上下协同、左右联动、各方协作、合力攻坚的新局面。实施新农区、新牧区、新社区"三区"联动建设，将全面落实沪滇对口帮扶合作新机制、新原则、新格局的精神，以对口帮扶为基础，全面深化经济合作，为全国对口帮扶合作和东西部地区联动协作提供典范。

二　推进三区联动建设，提升自我发展能力的总体构想

(一)指导思想

以科学发展观为指导，按照"生产发展、生活宽裕、乡风文明、村容

整洁、管理民主"的总体要求，遵循"区域发展带动扶贫开发、扶贫开发促进区域发展"的基本思路，突出稳定、发展、和谐三大主题，以自然村（村小组）为单元，以整村推进为抓手，着力完善农村基础设施，着力培育特色优势产业，着力提高基本公共服务水平，着力加强生态文明建设，着力维护民族团结和社会稳定，整合资源、构建支撑，激发主体活力，增强内生动力。

（二）总体思路

立足吉迪村实际，按照"生态建村、产业强村、科技兴村、人才富村、民主治村、组织带村"的基本方略，采取"政府主导、农民主体、多方参与、整村推进"的建设机制，以发展设施农业、优化种植结构、培育农业新型经营主体、发展高效生态农业为着力点发展现代农业，推进农业产业化经营，建设新农区；以转变畜牧业发展方式、改良畜种品质、完善牧业基础设施、培育新型牧业经营主体、促进草场流转与饲料加工为着力点发展现代牧业，建设新牧区；以完善公共服务、提升人居环境、发育社区组织、加强社会治理创新为着力点引领现代生活，建设新社区；通过建设"新农区、新牧区"实现农业增效、农民增收，夯实新社区建设的经济基础，通过建设新社区培育新型农民，强化新农区、新牧区建设的素质支撑，以转变观念、建章立制、功能分区、有效管理为主线推进"三区联动"发展，形成上海市对口帮扶资金为重点、州级资金为配套、社会资金为补充的投入格局，将吉迪村建成云南藏区扶贫开发与新农村建设的示范村、全省美丽乡村建设的样板地及全国"对口帮扶"工作的先进典型。

（三）基本原则

因地制宜、分类实施。根据项目村的气候及村民的实际情况，循农时、重需求，采取先易后难、循序渐进的方法，实施工程各项内容建设。

突出重点、统筹兼顾。根据建设项目内容，在覆盖项目村的基础上，兼顾其他小组村民的诉求，适当扩大受益群体的覆盖面。建设新农区、新牧区，着力解决项目村生产经营方式粗放、基础设施投入不足、农业产业支撑力弱的难题。

整合资源、强化投入。在稳定沪迪对口帮扶资金投入基础上，积极整合项目村的扶贫整村推进、国土基本农田整治、组织部基层党建等部门专项资金，加大项目资金整合使用力度，真正达到干一件、成一件、发挥效益一片的建设目的。

远近结合、构建支撑。立足当前，着力解决项目村当前最急迫的无垃圾池、无活动场地、无耕地围栏的"三无"问题，着眼长远，稳步解决产业支撑弱、畜牧品种退化、缺乏经营带头人等发展问题，量力而行，努力构建项目持续发展的支撑。

软硬并举、力促联动。在继续加强活动场地、围栏、村内道路等基础设施硬件建设的同时，着力在社区组织发育、新型经营主体、村规民约等"软实力"提升方面有所突破，以硬促软、以软带硬、软硬联动。

突出特色、群众参与。突出藏族特色，尊重民族习惯，倾听群众诉求、改进群众工作、维护群众利益，讲求实效，提高项目内容的适应性和群众满意度。

（四）主要目标

经过"三区"联动近期（2014—2015年）、中期（2016—2018年）、远期（2019—2020年）7年的建设，项目点贫困群众生产生活条件明显改善，农业支柱产业初步构建，新型农业经营主体培育初见成效，畜牧业发展条件明显改观，农业产业结构得以优化；农民人均纯收入增幅高于香格里拉县平均水平；农村基础设施进一步完善，农村社会事业较快发展，人居环境明显提高；农民文化生活进一步丰富，社区治理环境明显改善。具体目标如表19-1所示。

表19-1　　　　　　　　　　建设实施区预期目标

内容		主要指标	具体目标
近期目标 （2014—2015年）	新农区	培育支柱产业	1—2个
		培育新型农业经营主体	1—2个
		开展土地流转面积	100亩
	新牧区	改良牦牛品种	60头
		农田围栏覆盖率	100%
		培育新型牧业经营主体	1—2个
	新社区	垃圾池	40个
		沤肥池	每户1个
		活动场所	3个
		村内道路硬化率	100%
		村内"亮化"率	100%
		宜居环保型房屋改造率	100%
		乡规民约制定率	100%
		培育社区组织	1—2个
		农民收入增长率	12%

续表

内容		主要指标	具体目标
中期目标 (2016—2018 年)	新农区	建设配套松茸庄园	1 座
		发展设施蔬菜大棚	20 个
	新牧区	规模生态养殖牦牛	1000 头
		规模生态养殖藏香猪	3000 只
	新社区	农民收入增长率	15%
远期目标 (2019—2020 年)	新农区	松茸庄园稳定运转	—
	新牧区	畜牧产值增长率	10%
	新社区	农民收入增长率	15%

三　加快吉迪村"三区"联动建设与提升自我发展能力的重点

上海对口支援的吉迪村新农区、新牧区、新社区"三区"联动建设，以给挖、洪堆、奶古村小组为示范建设区全面开展项目工程建设，以益司、拉浪村小组为带动建设区开展民居屋面改造工程、农村社会文化工程、村庄"亮化、美化"工程建设，以另外 12 个村民小组为项目推广建设区，统筹实施农村社会文化工程、村庄"亮化、美化"工程。

（一）"新农区"建设

1. 完善农田基础设施

实施"三面光"沟渠建设。对经过奶古村小组内的沟渠进行"三面光"整治建设。此项目可以减轻雨季水灾危害、美化村庄环境。按照宽 100 厘米、高 50 厘米、两边各 25 厘米、底厚 20 厘米，用混凝土材料，按 180 元/立方米的成本，改造沟渠长度约 1.5 公里。

2. 提升传统农业，培植新产业

（1）实施产业结构调整项目。结合建塘镇"整乡推进"项目的实施，提升青稞、马铃薯、油菜等传统产业，在产业调整上安排在吉迪村委会 98 万元左右，按 503 户计，平均每户大约补助 1950 元。

（2）示范培植附子中药材产业，培育中药材种植专业合作社。发挥项目村耕地资源丰富的优势，近期可通过土地流转，集中连片，走规模化、产业化路径，培植和发展 100 亩附子、秦艽等 2—3 个品种的中药材种植产业。

培育新型农业经营主体。在发展专业大户的基础上，引进并培育吉迪村中药材种植合作社，给予该合作社适当扶持。选择洪堆村小组，集中连片流转 100 亩给该合作社，按当地土地流转费用价格每年 600 元/亩，合作社解决参与流转农户每户 1—2 个劳动力就业。通过合作社种植示范引领，辐射带动周边村社农户发展中药材产业。

通过 100 亩示范带动，中药材产业发展壮大并具有一定规模后，中远期引进企业，以"公司＋合作社＋基地＋农户"的产业经营模式，带动当地特色中药材产业发展，解决中药材销售的问题，形成产供销一体化运营模式。

（3）内培外引，发展松茸产业。项目区松茸等野生菌资源富集，为促进项目区松茸产业发展，积极引进并整合社会资本，拟引进上海一家有实力的集团到项目区投资建设年加工量达 300 吨的现代化松茸加工企业，规模建设松茸保鲜冷库（分两期建设）和储运物流中心，分两期投资 1300 万元建设香格里拉县松茸交易市场，建立加工企业，合理促进松茸资源的采集、储藏和加工。着力建设松茸产业基地，打造松茸产业特色村。依托引进的公司集团，成立松茸产业专业合作社，对农户进行松茸培育、保护的技术培训，加大对农户促繁增产补偿投入和技术投入，组织村民生产，探索合理的利润分享模式，按大藏房的风格，建设松茸产业体验中心和松茸产业休闲园，拓展松茸休闲旅游产业，开展好公司建设松茸交易市场的相关工作。积极探索并建立"龙头企业＋合作社＋基地＋农户"的企村合作新模式，以"产权分离"的途径，结成利益共同体，进一步夯实吉迪村集体经济实力。

（4）发展设施农业，示范大棚蔬菜种植。在示范区村小组内示范 2 户蔬菜大棚项目，按 10 万元/栋、共发展 2 栋现代化设施大棚，种植和发展无公害蔬菜产业。在示范带动基础上，根据市场需求，中后期阶段可集中发展现代设施农业。

另外，引进另一家民营企业，计划在中期阶段在益司、拉浪种植玛咖产业，流转荒地 1000 亩，投入 3000 万元。

（二）"新牧区"建设

1. 改良畜种

利用冻精改良技术，在 3 个示范区村小组各选择 4 户农户、5 头/户，共改良示范 60 头牦牛；引进高山牦牛新品种 50 头（其中，公、母牦牛分别为 25 头；近期 20 头、中期 30 头），大力发展牦牛特色生态养殖业。在冻精改良示范成功的基础上，可在中期、远期继续推进并加大该项目的实施力度，实现全村全覆盖，促进牦牛产业增效。

2. 示范种植优质牧草

结合牧区草场建设，以补助方式，在 3 个示范区村小组内各扶持 10 户农户种植优质牧草，户均 4 亩，共 120 亩。通过两年的示范种植后，在全村 180 户、4 亩/户推广优质牧草种植。

3. 人畜混居住房改造及畜圈建设

对 3 个示范区村小组 14 户存在人畜混居的农户进行住房改造。对原来作为畜圈的住房 1 楼进行地面硬化和单间改造，另在房屋之外新建畜圈 1 所/户，达到人畜分离。改造 14 户、80 平方米/户，共改造农户住房 1120 平方米；畜圈按 40 平方米/户，共需要建设 560 平方米的畜圈。

4. 安装太阳能热水器

在人畜分离项目验收以后，为促进农牧区卫生习惯的改变、促进牲畜饲料生喂技术推广、节约薪柴消耗和节省劳力、解决农牧民生活用能等问题，在全村 17 个村小组、503 户、户均投入 3000 元，安装太阳能热水器。农户在自愿原则基础上，投工投劳、自筹一部分资金，推进太阳能热水器安装、卫生间及淋浴室"三位一体"项目的实施。

5. 扶持新型牧业经营主体

在洪堆村小组扶持 1 户新型牧业合作社，给予资金扶持，促进合作社与牦牛养殖农户、养殖大户建立紧密型利益联结机制，增强合作社规模养殖对吉迪村畜牧产业发展带动力。

6. 牧场改造

结合新牧区建设，在中期阶段对示范区 3 个村小组、76 户的牧场进行围栏，对牧场房屋进行改造。

7. 农田围栏改造

撤除农田周边的木桩栅栏，改用水泥桩和铁丝网围栏，并逐步推广生物篱笆围栏。此项目可减少栅栏维护和对木材的消耗。据初步估计，按每亩 20—30 平方米计算，在 3 个示范区村小组 1000 多亩的农田周边需要拉长度为 20 公里的围栏网。

（三）"新社区"建设

1. 民居改造工程

（1）民居屋面改造。根据上海第九批援滇干部迪庆联络小组的意见和建议，以低碳环保的新型建筑材料——板岩替代木板、彩钢瓦的屋顶。此项目可减少对森林的砍伐、减轻农户重复的人力、物力、财力投入，彻底解决彩钢瓦雷击、雪融化时大面积掉落的安全隐患及人文景观破坏、使用年限短等问题。实施藏族民居屋面改造 122 户。其中，3 个示范区村小组 76 户建设实施中，2 个带动区村小组 46 户根据自愿原则组织实施。户均屋面按 450 平方米计算，民居屋面总改造面积 54900 平方米。

通过示范区和带动区 5 个村小组、122 户的示范改造，全村其他 12 个村小组可因地制宜实施民居屋面改造。

（2）墙体刷白工程。鉴于香格里拉县吉迪民风民俗，墙体刷白一般采用当地白泥稀释后浇注于墙面，自然流浸的方式，每栋房屋墙体刷白需 3—4 个工时。此项工程涉及示范区及带动区 5 个村小组 122 户，每户补助 1000 元。

推广区（即其他 12 个村小组）结合实际，可在中期阶段实施墙体刷白工程，实现该项目建设全村全覆盖。

2. 交通通畅工程

在 3 个示范区村小组实施村内道路硬化项目。按照"一横、一纵"布局。"一横"，即在给挖村实施村内道路硬化 1.2 公里；"一纵"，即在洪堆、奶古至益司实施村内道路硬化 2.5 公里。村内道路按 4 米宽、厚 35 厘米（其中用石子垫路基厚 20 厘米、上浇混凝土 15 厘米）的技术标准，按 180 元/立方米的成本投入，每公里的投入标准为 25 万元，村内道路硬化 3.7 公里。

在吉迪与格咱之间的达拉、高尼、同明、益堆 4 个村小组道路硬化项目完成基础上，"三区"联动项目实施近期阶段可对 3 个示范区村小组、2 个带动区村小组及余下 8 个村小组实施入户道路硬化，按 3 米宽、厚 35 厘米（其中用石子垫路基厚 20 厘米、上浇混凝土 15 厘米）的技术标准，按 180 元/立方米的成本投入，户均硬化 50 米，则户均入户道路硬化投入 1 万元，入户道路硬化 17 公里。

3. 农村文化建设

（1）建设"活动室、篮球场、公厕"三位一体工程。此工程共需建设 3 幢活动室、3 个室外篮球场（每个球场配套建设看台 100 平方米、1 套室外健身器材）、3 所公厕。

——示范区新建 1 套"三位一体"工程。按照大藏房民居风格，在洪堆村小组新建 1 幢集党建示范点（即党员活动室）、计生宣传、农家书屋于一体的多功能活动室。在活动室附近建设 1 个篮球场，配套建设 100 平方米看台、1 套室外健身点及 1 所公厕。此工程可辐射本村及周边共 5 个村小组。其中，示范区篮球场建设可结合红白理事大院建设，该篮球场（红白理事大院）占地 420 平方米，用钢架支撑、顶篷用彩钢瓦，地面硬化，可建成篮球场，闲时为球场之用，每逢村内红白事时，可作为接待服务场所安排酒席等,红白理事大院配套建设2—3间房屋。

——推广区统筹新建2套"三位一体"工程。在推广区选择2个农户聚居的村小组,各建设1幢多功能活动室和1个篮球场(配套建设看台100平方米、1套室外健身点)、1所公厕,辐射本村及周边共12个村小组。

(2)校舍改造建设学前教育示范点。对因撤点并校后的村小学校舍进行维修、翻新,作为村内学前儿童的教育场所。通过暑期招募上海大学生作为志愿者,配备幼儿教育设施,在吉迪村开展1个班、规模30—40人的学前班示范教育点,为全州农村学前教育先行先试,带动云南藏区农村学前教育发展。

(3)加强培训和示范,培育新型农牧民。充分利用党员活动室、村小学改造后的教室等活动场所,每年组织4期、100人/期的培训活动。加强农户和村民对党的政策方针的学习,提升农牧民对农村适用种养殖技术的了解和应用,丰富农牧民对卫生健康、环保、市场信息以及牲畜防疫等技能和知识。通过培训、示范引领,提升农牧民整体素质,培育新型农牧民。

4. 村庄"亮化、美化"工程

(1)村庄亮化工程。在项目区5个村小组内的主干道两侧农户聚居区,以及新建大藏房活动室旁、篮球场与公厕周边安装太阳能路灯44盏。其中3个示范区村小组及"三位一体"工程建筑周边安装28盏;2个带动区村小组安装16盏。另外,在推广区"三位一体"工程建筑周边安装16盏。总共安装太阳能路灯60盏。项目实施的中期阶段,可在全村其他12个村小组实施村庄亮化工程,每个村小组平均安装8盏太阳能路灯。

(2)村庄美化工程。为解决垃圾围村、污染环境的问题,需在全村503户每户建设1个封闭式垃圾池。为解决畜禽粪便污染问题,对全村每户建设1口沤肥池,进一步促进吉迪生态村的创建。为解决河道淤塞和清理河道垃圾,在吉迪与格咱之间的达拉、高尼、同明、益堆4个村小组河道治理项目完成基础上,洪堆、奶古、益司、拉浪等村小组投工投劳进行河道疏浚和河道垃圾清理5.5公里,完成全村河道治理任务。

5. 社区组织培育工程

挖掘和打造具有本土藏乡特色的文化队伍。培育1支富有藏族民族文化特色的歌庄队伍、1支村级篮球队等民间文化社区组织,丰富社区文化生活,做新型农牧民。建立健全村规民约,村小组内的农户轮流做村内卫生监督员、保洁员,打造1支稳定的保洁队伍。

6. 社区党建阵地建设工程

在吉迪与格咱之间的达拉、高尼、同明、益堆4个村小组实施基层党建项目基础上，借鉴"插甸经验"，对项目区其他 13 个村小组内选择活动室内的党建示范点（党员活动室）或篮球场或村委会旁的空地，制作一套党建宣传展板，宣传国家党政方针政策和党内"四群"活动动态，加强党联系基层群众的凝聚力，保持基层党组织战斗堡垒作用。积极探索"村党总支＋合作社"的模式，促进村集体经济发展和壮大。

7. 农村超市、村级药店建设及村委会空地硬化

在村委会所在地空地上新建一个占地面积为 90 平方米左右的农村超市；新建一所村级药店占地面积为 60 平方米，集门诊室和药店于一体，解决农牧民看病难、购药难的问题；对村委会所在地场坝进行硬化，配套建设 2 个篮球框。

8. "三区"联动建设项目展示牌及藏式白塔

在给挖村口建设 3 座富有藏式风格的白塔，3 座塔分别刻上"吉""迪""村"字样。在旁边建设一块"三区"联动建设项目展示牌，对项目进行简介。

四　加大管理力度，力促项目实施

（一）改变重项目建设、轻项目管理的做法，加大项目质量管理力度

项目全面实行县级行政领导责任制，项目竣工后实行单项工程验收制度。各相关业务部门要认真落实责任，积极配合，认真做好项目初步设计及项目的踏勘、设计和施工技术指导、督促、检查验收等服务工作，全面保证项目按时启动、顺利实施和如期完成。严格按照有关技术标准精心组织施工，强化施工管理，严把技术质量关。

（二）加大对口支援资金管理

"三区"联动建设资金实行专户管理，专款专用。扶贫办负责扶贫和对口援助资金监管使用工作。做好项目公示公告制，项目实施前，对工程项目内容、规模、资金进行公示；项目竣工后，对工程建设规模、质量、资金进行公告，主动接受群众监督。

（三）着力推进项目后续管理

项目竣工后，要改变"重建轻管"的盲目性，采取有效后续管理措施，充分发挥"三区"联动建设项目的最大效益。入户项目按照"谁使用、谁受益、谁管理"的原则交付用户自行管理，沟渠、太阳能路灯、活动室、篮球场、公厕等公共活动场地的基础设施与公益设施，交付村委会、村小组管理，由村委会、村小组选专人管护，同时签订相关管理责任书，做到修、

管、用相统一，责、权、利相结合。

五　"三区"联动建设对吉迪村自我发展能力提升的预测

（一）生态效益评价与预测

实施民居屋面改造、农田围栏改造和节能改灶，将有助于减少森林资源消耗，有利于保护生态环境和建设资源节约型、环境良好型农牧区，实现可持续发展。首先，示范区及带动区 5 个村小组 122 户中约 70% 农户民居屋面使用简易木板，以每户 450 平方米的屋面计，5 个项目村的农户住房将消耗木材 400 立方米，按使用年限 5 年计，每年消耗 80 立方米。实施屋面改造可节约木材 80 立方米/年。其次，据估计目前户均消耗薪柴 10 立方米/年，节能改灶后，按照节柴 30% 计算，可以户均节柴 3 立方米/年，示范区 3 个项目村小组 76 户可节省薪柴 228 立方米/年。最后，目前的木板围栏按照消耗 1 立方米/亩的木材计算，示范区 3 个项目村小组 1000 余亩的耕地可消耗 1000 立方米的木材，按使用年限 4 年计，相当于每年消耗 250 立方米的木材。围栏改造可节省木材 250 立方米/年。实施民居屋面改造、农田围栏改造和节能改灶后，项目村可节省森林木材砍伐量 558 立方米/年，按木材市场价格 1000—1500 元/立方米计，每年可节约 55 万—84 万元的木材；按 25 立方米/亩的森林蓄积计算，相当于每年减少了 17 亩森林的砍伐量，有助于地方森林资源的保护和当地林区涵养水源、水土保持等生态功能发挥。

项目的实施将解决村内"垃圾围村"问题，促进村内整洁，促进农户卫生健康。实施村内亮化工程，安装太阳能路灯，促进村内环境较大改善。

（二）经济效益评价与预测

建设"新农区""新牧区"，提升传统产业，培植新产业，增强农牧民自身发展的"造血"功能。

引入种植一年生的附子，当年出效益，平均亩收益达 8000 元。通过在示范点引入合作社，集中连片流转耕地示范种植 100 亩，每年可产生 80 万元的产业经济效益。

流转耕地的农户可得土地流转费 6 万元，在中药材合作社基地打工，按 1500 元/人·月，解决 10 人左右的就业和劳动力转移，每年工作 10 个月/人，土地流转农户的打工劳务经济收入 15 万元/年。

大棚蔬菜种植，按 20000 元/栋的大棚蔬菜年产值看，可产生 40000 元左右的经济效益。

通过培育和引进养殖合作社，引进优质牧草种，改造草场，示范带动30 户养殖大户、100 余头的牦牛养殖产业发展，预计牦牛养殖户户均从养殖产业方面增收 2000 元左右。

做大做强集体经济，防止集体经济"空壳化"。项目将借鉴西双版纳州光明石斛公司的经验，拟引进上海的一家集团公司，将采取公司拥有经营权、产权托管的"产权分离"模式，建立公司与农户紧密型利益联结机制，形成农户股权型收益机制，以龙头带动，培训和带动农户科学掌握松茸促繁增值技术，保障农户利益，降低经营风险。托管期满后（即合作协议期满），对口帮扶及地方扶贫资金转变的经营资产将交由当地村集体或者合作社自主经营，以期做大做强集体经济，避免集体经济"空壳化"。

（三）社会效益评价与预测

公厕、垃圾池、篮球场以及门诊卫生室、村级药店、农家书屋、学前教育示范点等基础设施建设，将丰富群众文化生活、提升人口素质、保障群众身心健康。预计每户能节约教育、文化、医疗等方面的成本 300 元，以惠及500 余户计，每年可为受益户节约成本 15 万元。

项目实施有助于完善区域基础设施，改善村民生产生活条件，加强本社区与外界的经济社会联系，促进经济社会协调发展，增强区域自我发展能力，提高群众生活质量，展示藏乡群众的精神文化风貌。

六　推进"三区"联动建设，提升吉迪村自我发展能力对策建议

（一）健全组织保障机制

一是州级成立由州扶贫办、上海市第九批援滇干部迪庆联络小组等部门联合组成的吉迪村"三区"联动示范建设领导小组。州委常委、副州长担任组长，州扶贫办主任、上海市第九批援滇干部迪庆联络小组组长等任领导小组副组长，成员单位由州扶贫办、上海市第九批援滇干部迪庆联络小组、香格里拉县政府、州规划、住建、国土、农牧、水务、招商、环保、国投公司等单位部门组成。领导小组成员单位进一步将交通运输、教育、卫生、广电、文体、人社、商务及宣传部、组织部等机构充实进来。州级领导小组负责规划、协调、指导和统筹工作。

二是成立香格里拉县"三区"联动示范建设项目指挥部，实施主体在县指挥部，负责具体组织实施，项目资金放在指挥部。指挥部由香格里拉县县长任指挥长、副县长任副指挥长，指挥部成员单位由县扶贫办、县规划

局、住建、国土、农牧、水务、招商、环保、国投公司、交通运输、教育、卫生、广电、文体、人社、商务及宣传部、组织部、建塘镇党委政府等部门机构组成。

（二）健全协调配合机制

各级有关部门要以"三区"联动建设实施推进工作为己任作为重要政治任务抓紧抓实抓好。各职能部门按照各自职责，加强协调配合，严把技术质量关，抓好工程进度，搞好督促落实。

扶贫部门负责统筹安排、组织推动、协调服务、考核评比等日常事务。农牧等部门负责农田围栏改造、产业培植、畜种改良、优质牧草种植示范、人畜分离、青贮窖建设和新型主体培育等项目。农牧、国土、招商等部门负责推进土地流转、项目落地等。住建部门负责民居屋面改造、墙面刷白工程以及村庄亮化工程等。交运部门负责项目村道路硬化。文体、环保、卫生、教育、人社等部门负责文体活动场所建设、社区文体组织培育、卫生公厕、垃圾池及行政村卫生室标准化建设。水利部门负责"三面光"沟渠建设、河道疏浚及治理。人社、农牧、扶贫、妇联等部门负责农牧民劳动力技能培训等项目。农牧、商务等部门负责农村超市、村级药店及松茸市场建设。民族、宗教部门负责扶贫攻坚的协调配套工作。组织部门负责扶贫干部队伍、村"两委"干部队伍建设。宣传部门负责党建阵地建设。

（三）健全挂钩帮扶机制

建立领导挂钩帮扶责任制。州、县级领导结合"群众路线教育实践活动"，直接到项目村驻村蹲点，负责协调督促推进项目建设。建立单位挂钩帮扶责任制，州、县各级部门统筹推进，形成强劲的扶贫开发合力。

（四）健全监测评价机制

建立州、县监测评价体系。州、县扶贫部门作为监测评价主体，通过日常统计、定点跟踪、抽样调查、实地检查等手段，掌握基础资料和监测数据，全面反映建设实施和项目执行情况。

（五）创新社区治理机制

一是着力加强基层党组织建设，强化其治理主体作用。发挥村级党组织在"三区"联动建设中的领导力量作用，充分利用其组织优势和人才优势，培养优秀基层干部，协调社区内部各种关系，整合各种力量，提高凝聚力和影响力，促进各方主体参与"三区"联动建设。村小组同步建立党小组或者党支部，实施网格化管理。

二是激发社会组织的活力。充分挖掘社区自组织（如老年协会、妇联等）的功能和作用，推动项目区"三区"联动建设。通过村规民约，促进村内公共设施管理和村内整洁；培育新型农牧业经营主体，探索建立"支部＋扶贫""支部＋合作社""合作社＋农户"等模式，带动全村特色产业发展。

三是充分挖掘传统民族文化潜力。将藏族传统民族文化融入社区治理和项目开展中，充分发挥村内互助帮扶的功能，推动"三区"联动建设；发挥村规民约和宗教文化的作用，加强自然资源和生态的保护与可持续利用。

第十九章

沪滇对口帮扶产业发展
"巴珠经验"

——上海宝山区对口帮扶维西县塔城镇
巴珠村典型案例①

　　巴珠村位于维西县塔城镇西南部,距离镇政府所在地 20 公里,距离香维油路 9.8 公里。2012 年年末全村共有 21 个村民小组,278 户,1377 人,为纯藏族村寨。经济来源以粮食、经济林果为主,林产品为辅。居住地平均海拔 2850 米,拥有耕地面积 2145 亩(均为旱地),森林覆盖率达 97%。近年来,在上级党委政府的正确领导下,在上海市宝山区的对口帮扶和关心支持下,巴珠村两委积极带领全体村民共建美好新家园,农村基础设施不断完善,村容村貌发生了翻天覆地的变化,人民生活水平有了较大提高,各项事业有了较快发展。

　　巴珠村距离香维油路 9.8 公里,由于地理位置特殊等诸多因素制约,以前的巴珠村交通不便,严重阻碍社会经济发展,是全镇比较贫困的行政村之一。村民生活主要依靠传统种养殖业,思想观念比较落后,掌握科学技术有限,生产方式粗放,粮食产量不高,只能基本满足日常生活,逢天灾年连温饱问题都难以解决。民居主要以土木结构为主,屋顶多用木板做成,十分简陋。农村道路多为土路,不方便群众出行。巴珠村村容村貌脏、乱、差问题十分突出。

　　2004 年迪庆州被列为上海对口帮扶地区以来,上海宝山区发扬先富帮后富的精神,动真情、出实招、求实效,不断增加援助资金,援助力度不断加大,加快当地脱贫致富步伐,推动经济社会发展做出了重要贡献。2009 年,沪滇帮扶项目在巴珠村实施,总投资 150 万元。其中,安居工程投资 45 万元,加宽通村公路投资 50 万元,产业结构调整投资 50 万元,卫生路

---

　　①　该报告由维西县政府扶贫办提供。

建设投资 5 万元。巴珠村通过实施沪滇帮扶项目，通村公路条件改变巨大，方便交通。一幢幢民居换上新衣，切实改变村民居住条件，村容村貌更加整洁干净。因地制宜，突出特色，大力调整产业结构，改变传统种养殖业，积极推广发展药材种植、经济林果种植、土鸡养殖和蜜蜂养殖等特色产业，促进农民增收，推动巴珠村社会经济发展。

巴珠村牢牢抓住沪滇帮扶项目实施这一机遇，结合实际，因地制宜，大力发展特色产业，主要抓了以下几方面工作。

一　"党建 + 扶贫开发" 双推模式

在宝山区对口帮扶过程中，巴珠村成立特色产业党小组。立足于巴珠实际，紧紧结合 "三建三带三创" 活动，建立 4 个特色产业党小组（药材产业党小组、经济林果产业党小组、畜牧产业党小组、生态保护党小组），积极推进产业结构调整步伐，在抓好党建工程的 "三带" 方面走出了新路子，"以点带面" 充分发挥出基层党组织为民谋利益的带头作用，积极引导群众大胆进行产业结构调整，拓宽促进农民持续增收渠道。

二　明确分工，责任到位

经村总支运作，制定相关职责，如药材产业党小组负责天麻、羊肚菌、当归、木香、白术、桔梗、虫蒌等药材的引种、种植推广和外销；经济林果产业党小组负责在全村推广苹果和木瓜相关病虫害防治和 "套袋" 技术；畜牧产业党小组负责抓好全村优良种羊、种猪、种牛的改良、推广猪牛羊的科学饲养及巴珠土鸡的科学放养；生态保护党小组主要在村总支召开有关会议时负责宣传保护生态方面的相关知识和法律法规，对任何破坏生态的行为进行整治，情节较严重的不予享受惠民政策，通过分工，各小组的责任得到明确，基层党组织的 "战斗堡垒" 作用得到充分体现。

三　因地制宜，坚持走生态致富之路

巴珠村森林覆盖率达 97%，在发展产业的同时，首先注重对生态保护，始终坚持 "生态立村" 发展思路。勤劳的巴珠村民把退耕还林后每一块荒坡种上了木瓜、药材等经济林木，田地外围都用木瓜树围成了天然的 "生态围栏"，硕大的果实挂满了枝头，形成了一道独特的风景。巴珠村民能够合理利用资源，懂得在党建与产业发展上，找准结合点，利用自身资源优势，探索一条"绿色银行"生态致富之路。

四 加强宣传，村民积极投入产业发展过程中

农村产业结构调整和发展离不开上级党委政府的关心支持，离不开村两委引导，更重要的是离不开村民积极投入到产业发展过程中。村民是农村产业结构调整和发展受益者，也是农村产业结构调整和发展实践者。巴珠村村民非常明白这一点，全村在调整和发展产业过程中，村民都能够按照村两委制定的发展思路，根据家庭情况，积极主动配合特色产业党小组落实好产业结构调整和发展各项工作，推动特色产业全面发展。在村两委、特色产业党小组和全体村民共同努力下，巴珠村特色产业发展前景越来越好。

目前，巴珠村产业结构调整初见成效。2012年药材育苗面积为50亩，药材种植面积为496亩，预计实现经济效益达50万元左右，直接受益人口达1100多人。积极推进畜牧产业的培育，投放黄山羊、美国短角黄牛及猪种改良，良种大小牲畜的存栏有了明显增加，全村黄山羊存栏600多只，品种牛存栏69头，品种猪存栏1300多头，每家每户都有饲养。此外，巴珠土鸡和土鸡蛋已享誉塔城，成为一种无商标的品牌，很多外地的商人都慕名而至，前来订购巴珠的土鸡和土鸡蛋，仅土鸡和土鸡蛋两样，一年就可为巴珠创下约28万元的收入。结合村域气候、土质等因素，大胆发展经济林果产业。如今仅木瓜种植面积就达1200多亩，年产鲜果300多吨，经济收入达35万余元。巴珠村生态环境适宜，巴珠蜂蜜品质极佳，目前巴珠村驯养野蜂的农户已达85户，养殖蜜蜂959箱，打造出"日月神"牌蜂蜜，如今巴珠"日月神"牌蜂蜜不仅销往全州各地，而且已远销省城昆明，成为礼尚往来的佳品，深受广大消费者青睐，常常处于供不应求的状态。

2012年3月，维西县委、县政府将巴珠基层党建促产业发展作为典型经验，组织县、乡、村三级干部在巴珠村召开"维西县三级干部大会巴珠现场观摩学习会"，将"巴珠经验"在全县进行推广和学习。巴珠村能够取得上述成绩，离不开各级党委、政府的关心和支持，更离不开上海宝山区对口帮扶项目的支撑。通过上海宝山区对口帮扶投入、引智、引管理等举措，巴珠村步入了跨越式发展轨道。巴珠将以上海帮扶项目为基础，认真实施好每一项惠民工程，努力构建生态、文明、和谐、幸福新巴珠！

巴珠村药材产业——秦艽　　　　　巴珠村蜂蜜产业发展势头良好

巴珠村药材产业——川乌　　　　　巴珠村畜牧产业——山羊、短角黄牛

巴珠村药材产业——重楼　　　　　巴珠村生态产业——木瓜

图 19-1　巴珠村生态产业种类

第二十章

上海嘉定区对口帮扶德钦县斯农、月仁两村的典型案例分析

2004年上海市嘉定区与迪庆州德钦县建立了区县对口帮扶关系，在10年来的对口帮扶工作中，嘉定区党委、政府高度重视对口援助的德钦县发展，在对口支援德钦的各项工作中，从德钦县实际出发，重点援建了一批扶贫攻坚、社会事业、产业建设项目，推进了一批安康工程、民心工程和希望工程建设。本章以云岭乡斯农村扭巴小组和霞若乡月仁村格中小组为典型项目点作为典型案例点进行调研分析。①

一 云岭乡斯农村扭巴村民小组沪滇对口帮扶项目

近几年来，在沪滇对口的帮扶下，云岭乡各项基础设施建设取得了又好又快的发展，斯农村扭巴小组于2011年实施上海帮扶项目，重点修建了村组卫生路、培育了葡萄产业等建设项目。

（一）项目点基本情况

斯农村委会扭巴小组位于德钦县云岭乡西北部，距乡政府驻地73公里，全组平均海拔2160米。全组共有19户，102人，种有葡萄83亩，年收入达48万元，年人均收入4000多元。有农村党员12名并有小组活动室。每年有一定的集体经济收入，有较好的村规民约和民风民俗。

（二）沪滇对口帮扶项目实施情况

2011年扭巴小组投入上海帮扶资金29万元，其中村组卫生路16万元，扶贫安居1万元，葡萄产业12万元。主要用于新修村内卫生路1500米，扩大葡萄种植48亩，扶贫安居1户，在此基础上扭巴小组积极整合部门资金，修建了村组活动室。目前项目建设已完工，通过对口帮扶及整合部门项目的实施，极大地提高和改善了扭巴小组农牧民生活水平与生产生活条件，现在

---

① 该报告由德钦县政府扶贫办提供。

家家门前都有了卫生路，"晴通雨阻"的现象大为改观，下雨天不见了往日的泥潭，村内红白喜事办理也有了固定的场所。葡萄产业的进一步扩建，大大增加了农牧民的经济收入，并提高了自我发展能力。与项目实施前相比，2011年人均收入增加了250多元，达到了人均收入4000元。贫困人口由原来的20多人，现在只剩下不足10人。村里已通水、通电，有了村级活动室及稳定增收的产业，村容村貌、民主管理都有了很大的改观，扭巴小组离新农村建设、美丽乡村建设的要求越来越近了。

云岭乡斯农村扭巴村民小组全貌

云岭乡斯农村扭巴小组葡萄产业

云岭乡斯农村扭巴小组村级活动室

云岭乡斯农村扭巴小组卫生路

图 20 - 1   云岭乡斯农村扭巴村民小组概貌

二　霞若乡月仁村格中村民小组沪滇对口帮扶项目

霞若乡月仁村委会格中村民小组新农村省级重点建设项目在沪滇对口帮扶和上级部门的大力支持帮助下，通过乡党委总揽、村党总支部把关、村组支部具体施工、集体和党员无偿出地、群众投工投劳等方式，新农村建设成效明显。

（一）项目点基本情况

格中村民小组隶属霞若乡月仁村委会，距乡政府驻地2公里，村庄坐落在朱巴洛河河畔，海拔 2200 米，现有农户 22 户，人口 112 人，是典型的藏傈两种民族聚居村。全村耕地总面积 150 亩，主要农作物包括水稻、大小麦、青稞、玉米等。2010 年年末实现粮食总产量 56000 公斤，人均 500 公斤，人均纯收入 3039 元。实施新农村建设后，2011 年农民人均收入提高到了 3740 元。

（二）沪滇对口帮扶项目实施情况

2010 年格中村新农村建设项目总投入资金 66.1 万元，其中上海帮扶资金投入 28.2 万元，上级部门整合 6.8 万元，群众三投 31.1 万元。涉及整个村民小组 22 户，112 人。新农村建设项目中安居工程总投入资金 11 万元（其中上海帮扶资金投入 3.3 万元，群众三投 7.7 万元）；新修卫生路 1000 米，工程总投资 10 万元（其中上海帮扶资金投入 7 万元，群众三投 3 万元）；核桃种植 136 亩，总投资 12 万元（其中整合部门资金 6.8 万元，群众三投 5.2 万元）；推广安装太阳能热水器 22 套，总投入资金 6.6 万元（其中上海帮扶资金投入 4.4 万元，群众三投 2.2 万元）；新建集体活动室 1 栋、篮球场 1 块，总投入资金 18.5 万元（其中上海帮扶资金投入 9.5 万元，群众三投 9 万元）；新建卫生厕所 1 座，总投入资金 8 万元（其中上海帮扶资金投入 4 万元，群众三投 4 万元）。

月仁村格中小组全景

月仁村格中小组卫生路

月仁村格中村级活动室

月仁村格中小组水泥平板桥

图 20 - 2　月仁村格中小组概貌

三　嘉定区对口帮扶德钦县的主要做法

（一）充分发挥村级组织作用

一是成立由村党总支书记、主任为组长，村委会副主任为副组长，村治保、调节、团支部、妇联等负责人为成员的村级扶贫开发整村推进工作管理小组，负责组织沪滇对口帮扶项目实施和管理工作。管理小组下设项目监督组，由群众代表、妇女代表、贫困人口代表组成，对项目资金运作、项目质量管理进行全程跟踪和监督。二是修订完善村规民约。把整村推进扶贫开发工作的实施、管理纳入村民自治范畴，约束和激励群众积极主动参与扶贫开发整村推进工作。

（二）"党建＋扶贫开发"双推模式

各乡镇党委以党建促产业，不断推动产业发展。确立了"换届不换目标，换人不换方向，一届接着一届干，一条路子走到底"产业发展思路。初步培育出了具有村民小组特色的产业品牌，搞活了农村的经济。

四　项目效益

通过实施沪滇对口帮扶项目改善基础设施条件，方便群众生产生活，解放生产力，发展经济，加强了教育、文化、医疗卫生的资金投入，依靠国家优惠政策，全面解决农民在教育、文化、卫生等方面存在的困难，科学规划，合理部署，逐步实现新农村建设的目标。

通过实施村内道路硬化及安全卫生引水工程，基本实现村内道路硬化和安全卫生饮水，使村容更加整洁，人畜饮水更加安全卫生。安居工程和太阳能的推广实施，减少了当地农民房屋用材及生活柴的用量，不仅保护了森林资源，还节约了劳动力。党员活动室"七有"设施全部配齐，在农村基层发挥出了越来越重要的作用，已成为宣传党和国家政策的阵地、技术培训阵地、群众文化活动中心、红白喜事中心、农产品交易中心，真正实现了"一室多能"作用，广大群众有了看得见、摸得着的依靠，基层党组织的战斗堡垒作用增强了，党员的荣誉感和先锋作用更加凸显了。在项目实施过程中，项目村村民观念进一步转变，素质得到提高，全村的村容村貌，群众的生产生活条件得到了很大的改善，农村剩余劳动力开始向产业化、市场化转移。

如今的新农村一排排崭新的农舍，一条条新修的卫生路，太阳能、自来水、卫生间这些带有城市烙印的用品及设置已在农村安家落户。城市与农村的差别已在这里逐步变得模糊起来。这里少的只是城市的那份喧嚣，那份熙熙攘攘，更多让人感受到的是国家、省、州各级领导对农业、对农村、对农民的那份关心，那份牵挂，那份体贴。在今后的沪滇合作对口帮扶工作中，德钦县将按照上海市委、市政府和嘉定区委、区政府对对口帮扶工作的要求，紧紧围绕把德钦建设成全国藏区"生态经济示范县、旅游文化精品县、长治久安模范县"的目标，坚持走"民生为本、生态为先、产业为要、和谐为重"之路，更加重视对口帮扶工作，使对口帮扶工作深入民心，惠及更多的藏乡群众。

主要参考文献及资料

［1］刘铁：《对口支援的运行机制及其法制化》，法律出版社 2010 年版。

［2］靳薇：《西藏——援助与发展》，西藏人民出版社 2010 年版。

［3］邓小平：《邓小平文选》第 3 卷，人民出版社 1993 年版。

［4］徐永富、李文录：《携手铸辉煌——闽宁互学互助对口扶贫协作十年回望综述卷》，宁夏人民出版社 2006 年版。

［5］云南省扶贫办：《云南省扶贫开发志（1984—2005 年）》，云南民族出版社 2007 年版。

［6］云南省统计局：《云南领导干部手册》，云南人民出版社 2002—2013 年版。

［7］安德鲁·费舍尔：《设计下的贫困——中国在西藏实行的经济歧视政策》，中国藏学研究中心《藏事译丛》2002 年第 6 期。

［8］潘久艳、周红芳：《"全国援藏"：改革路径与政策回应》，《中共四川省委省级机关党校学报》2010 年第 2 期。

［9］赵明刚：《中国特色对口支援模式研究》，《社会主义研究》2011 年第 2 期。

［10］中共中央文献研究室：《西藏工作文献选编》，中央文献出版社 2005 年版。

［11］宋月红：《中央扶持和全国支援西藏》，《当代中国史研究》2008 年第 4 期。

［12］仇喜雪：《激励理论与对口支援西部高等教育的制度创新》，《中央财经大学学报》2011 年第 4 期。

［13］熊文钊、田艳：《对口援疆政策的法治化研究》，《新疆师范大学学报》（哲学社会科学版）2010 年第 3 期。

［14］董世举：《对口支援西藏发展的问题和对策》，《广东技术师范学院学报》2009 年第 6 期。

［15］杨道波：《地区间对口支援和协作的法律制度问题与完善》，《理论探讨》2005 年第 6 期。

［16］《上海援藏工作》课题组：《上海援藏工作的思考》，《西藏研究》1998 年第 3 期。

［17］中国科学院地质部：《实现西藏跨域式发展的若干建议》，《地球科学进展》2002 年第 2 期。

［18］靳薇：《和平解放后援藏项目社会经济效益研究》，《西南民族大学学报》2005 年第 2 期。

［19］卢秀敏：《对如何更好地在西藏贯彻落实党的民族经济政策的几点建议》，《西藏民族学院学报》2002 年第 9 期。

［20］周猛：《经济发展理论演变及其对援藏工作的启示》，《西藏研究》2012 年第 4 期。

［21］师守祥、张志良、赵灵芝：《藏区发展的价值及措施》，《未来与发展》2002 年第 1 期。

［22］杨道波：《地区间对口支援和协作的法律制度问题与完善》，《理论探讨》2005 年第 6 期。

［23］刘毅、杨明洪：《中央援藏政策对西藏经济发展影响的实证分析》，《西南民族大学学报》2008 年第 4 期。

［24］鱼小强：《对增强西部地区自我发展能力的思考》，《商洛师范专科学校学报》2002 年第 3 期。

［25］刘期彬：《增强自我发展能力是实现西藏跨越式发展的内在动力》，《西藏发展论坛》2011 年第 1 期。

［26］朱凯、姚驿虹：《对自我发展能力理论的规范性研究》，《成都理工大学学报》2012 年第 1 期。

［27］牛云峰：《兵团农四师增强少数民族自我发展能力的成就、经验及对策》，《兵团党校学报》2012 年第 1 期。

［28］徐静：《对口帮扶新视野——由政府主导型转向市场化基础上政府与 NGO 共同推动型》，《当代贵州》2004 年第 21 期。

［29］周亚成、兰彩萍：《新疆牧区少数民族自我发展能力浅析》，《新疆大学学报》2003 年第 6 期。

［30］周忠瑜：《努力提高少数民族地区的自我发展能力》，《青海民族学院学报》1988 年第 4 期。

［31］徐君：《四川民族地区自我发展能力建设问题》，《西南民族大学学报》2003 年第 6 期。

［32］阿迪力·买买提：《论国家权利与少数民族的自我发展》，《黑龙江民族丛刊》2012 年第 1 期。

［33］王德强、史冰清：《云南藏区跨越式发展的时间与探索》，《云南民族大学学报》2011 年第 9 期。

［34］徐匡迪：《共筑对口帮扶经济协作新格局》，《瞭望》1997 年第 1 期。

［35］范小建：《在全国东西扶贫协作工作座谈会上的讲话》，国务院扶贫开发领导小组办公室编《扶贫工作动态》2012 年第 2 期。

［36］《西藏统筹城乡协调发展战略研究》课题组：《西藏统筹城乡协调发展战略研究》，2012 年。

［37］上海市对口云南帮扶协作领导小组办公室编：《上海对口云南帮扶协作工作资料汇编（1996 年 1 月—2000 年 12 月）》。

［38］李新平：《创新举措 拓展领域 努力推动沪滇对口帮扶合作再上新台阶——在上海云南对口帮扶合作领导小组办公室联席会议上的讲话》，2014 年 3 月 19 日。

［39］《云南省沪滇对口帮扶合作领导小组办公室关于呈报 2013 年沪滇对口帮扶合作工作总结的报告》（云沪滇办〔2014〕2 号），2014 年 1 月 21 日。

［40］上海市人民政府驻昆明办事处，上海市援滇干部联络组：《2013 年沪滇对口帮扶调研报告集》，《调研专辑》（总第 117 期）。

［41］云南省沪滇对口帮扶合作领导小组办公室编：《云南省沪滇对口帮扶合作工作资料汇编》（1996—2012 年）。

后　　记

　　本课题成果系全国社科规划办资助的国家社科基金项目《发达地区对口援藏与云南藏区提升自我发展能力研究》（批准号：12XMZ020，结项证书号：20151510）的成果。课题负责人及课题组主要成员作为一个研究团队，从立项设计、野外调研、写作等课题分工协作过程中，体现出了科研执着追求的精神，以及良好的团队合作精神，本研究课题得以顺利完成。课题组在调研过程中，得到了西藏调研地区（市）、云南省人民政府扶贫开发办公室、迪庆州人民政府扶贫开发办公室的鼎力帮助和大力支持，也得到了调研点农牧民群众的大力配合。在写作过程中，多位专家不吝指教，还对研究报告提出了许多宝贵的修改意见及建议，在此一并表示衷心感谢！

　　另外，由课题负责人及课题组主要成员撰写的部分咨询报告分别获得了云南省政府省长、副省长及省政府扶贫办主任、副主任的重要批示，也获得了云南省政府颁发的 2013 年度诤言奖参与奖。这一系列与本项目紧密相关的研究成果能产生良好的社会影响，与课题组团队倾力合作和投入大量的精力分不开，对课题组青年学者自身学术研究是一个提升。

　　课题负责人及课题组主要成员撰写报告的分工如下：

第一章　　张体伟、宋媛
第二章　　张体伟、廖桂莲
第三章　　第四章　陈晓末
第五章　　张体伟、廖桂莲
第六章　　张体伟、罗明军
第七章　　张体伟、刘诗祥
第八章　　张体伟
第九章　　张体伟、刘诗祥
第十章　　张体伟、罗明军
第十一章　张体伟、王静
第十二章　张体伟

第十三章　张体伟、罗明军、刘诗祥、王静

第十四章　颜晓飞、张体伟

第十五章　张体伟

第十六章　陈晓未

第十七章　王静

第十八章　张体伟、颜晓飞、陈亚山

第十九章　维西县扶贫办

第二十章　德钦县扶贫办

张体伟研究员对本著作进行了系统统稿和修改完善，张源洁助理研究员进行了最终的校对工作。由于学术水平有限，在著作编撰过程中，疏漏与不足，敬请批评指正。

"发达地区对口援藏与云南藏区
提升自我发展能力研究"课题组
2015 年 12 月